Marianne Müller · Ota Mikolasek

Servietten falten

80 Ideen für schön gedeckte Tische

W0212760

FALKEN

Inhalt

Vorwort

Nachdem Mitte des letzten Jahrhunderts die Kunst des Serviettenfaltens fast völlig in Vergessenheit geraten war, wurde sie in den 80er Jahren des vorigen Jahrhunderts wiederbelebt. In unserem Jahrhundert sorgten dann zwei Weltkriege dafür, daß die Mehrheit der Bevölkerung existentielle Fragen zu bewältigen hatte und das Interesse am Serviettenfalten nicht besonders groß war. So trat diese Kunst erneut in den Hintergrund. Erst nach dem Krieg und der Überwindung seiner Nachwirkungen entstand neues Interesse. Dann kam aber in den 70er Jahren die „Hygienewelle": Sicher werden Servietten zum Falten komplizierter Formen oft angefaßt, was Verfechter der Hygiene gegen das kunstvolle Falten einnahm. Das ging so weit, daß Servietten in Folie eingeschweißt auf die Tische gelegt wurden, die entsprechend steril aussahen. Wer Atmosphäre und schön gedeckte Tische möchte, dem wird diese Methode nicht zusagen. Das Tragen weißer Handschuhe beim Serviettenfalten ist eine Möglichkeit, zur Tischkultur beizutragen und dennoch den Anforderungen der Hygiene gerecht zu werden.

Seit einigen Jahren wächst in der breiten Öffentlichkeit wieder das Interesse an Tafelkultur, an schön gedeckten Tischen und damit auch an der Kunst des Serviettenfaltens. Dieses Buch soll eine Handreichung für alle sein, die sich mit dieser alten und heute wieder jungen Kunst näher beschäftigen wollen.
Die 80 Serviettenformen, die alle Schritt für Schritt erklärt werden, sind in drei Gruppen aufgeteilt, je nach den Grundschritten, mit denen zu beginnen ist. Diese Grundschritte werden am Anfang ausführlich erklärt und oben auf jeder Seite als kleine Zeichnung wiederholt, damit auf einen Blick zu sehen ist, wie es losgeht. Die Serviettenformen sind von 1 bis 80 durchnumeriert, die jeweils dazugehörigen Anleitungsfotos tragen immer dieselbe Nummer, so daß jede Figur herausgegriffen und nachgefaltet werden kann.

Servietten aller Art

Die Vielfalt der heute zur Verfügung stehenden Materialien ist groß. Neben Stoffservietten gibt es solche aus Papier und Vlies in verschiedenen Größen, vielen Farben und Mustern. Sie werden vom Hersteller in Vierfachlage geliefert, die meist unter Verwendung von Wärme gefaltet wird. Dann sind aber die Knicke nicht mehr zu entfernen, so daß sich Papier oder Vlies nicht für alle Serviettenformen eignen. Andererseits sind sie sehr zweckmäßig für solche Formen, bei denen die vorgefalteten Knicke gleich benutzt werden können.

Aber zu einer gepflegt gedeckten Tafel gehören natürlich Stoffservietten, die in unterschiedlichen Materialien angeboten werden. Servietten aus Leinen gibt es heute nicht mehr sehr oft, meist wird Mischgewebe oder die von Fachleuten bevorzugte Baumwolle verwendet. Stoffservietten sind in unterschiedlichen Größen erhältlich: Bis zu etwa 32 x 32 cm handelt es sich um Tee- oder Frühstücksservietten, aus denen nur einfache Formen gefaltet werden können. Normale Tischservietten, die auch für kompliziertere Formen groß genug sind, messen 40 x 40 cm bis zu 60 x 60 cm. Die gebräuchlichsten und zweckmäßigsten sind 50 x 50 cm große Baumwollservietten, aus denen alle Formen dieses Buches nachgefaltet werden können, wenn nichts anderes erwähnt ist. Teilweise sind auch rechteckige Servietten möglich, notfalls muß die quadratische Form durch eine zusätzliche Faltung hergestellt werden.

Für das Serviettenfalten ist es von Bedeutung, wie leicht oder schwer das Material sich verarbeiten läßt. Dabei spielt die Gewebeart eine Rolle – bei Servietten überwiegend Leinen- oder Damastbindung. Letztere läßt das Gewebe leicht fließend wirken, unterliegt aber schnellerem Verschleiß. Ausschlaggebend für die Verarbeitung ist jedoch das Stärken: Für einige Formen müssen die Servietten nur leicht, für die meisten jedoch sehr gut gestärkt sein. Das Falten gut gestärkter Servietten erfordert etwas Kraft, und aufgrund des entstehenden Geräusches spricht man auch vom „Serviettenbrechen". Alle Knicke sollten festgeklopft oder festgeschlagen werden, damit die Serviette die gewünschte Form beibehält. Um nicht von Anfang an unbrauchbare Faltknicke entstehen zu lassen, sollten Servietten nicht zusammengelegt aufbewahrt werden. Es ist außerdem darauf zu achten, daß sie beim Mangeln oder Bügeln nicht verzogen werden: Exakt quadratische Servietten sind die beste Voraussetzung für ein gutes Gelingen aller Formen.

御献立
汁物
魚料理
肉料理
デザート

Gruppe A

Für die Serviettenformen der Gruppe A wird eine quadratische Serviette, die linke Seite oben, auf dem Tisch ausgebreitet. Davon ausgehend gibt es drei Grundschritte, die im folgenden immer wieder benötigt werden:
Im ersten Fall faltet man die untere Kante auf die obere und erhält eine oben offene Tasche. Diese kann dann im nächsten Schritt zu einem Quadrat gefaltet werden, indem die linke Kante auf die rechte geklappt wird (oder umgekehrt). Im zweiten Fall wird die obere Kante nach unten gefaltet, so daß die offene Seite nach unten zeigt. Bei der dritten Möglichkeit wird die Serviette in der senkrechten Mitte halbiert, so daß die offene Seite rechts liegt. Obwohl die Serviette jedesmal einfach nur zur Hälfte zusammengelegt wird, sollte man genau darauf achten, wo die offene Seite liegt, denn davon hängt für die weiteren Faltungen sehr viel ab.

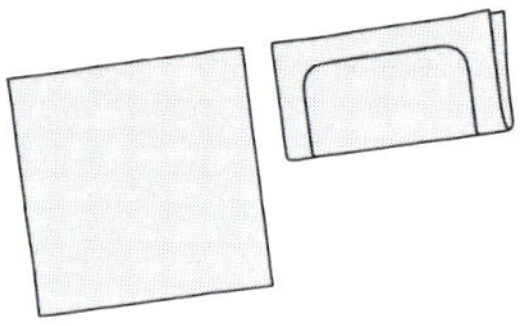

1 Halbe Rolle 2 Doppelrolle 3 Rolle

1 Nach den Grundschritten die Serviette von links zur Mitte hin halb aufrollen

2 Die rechte Seite der halben Rolle gegenseitig zur Doppelrolle aufrollen

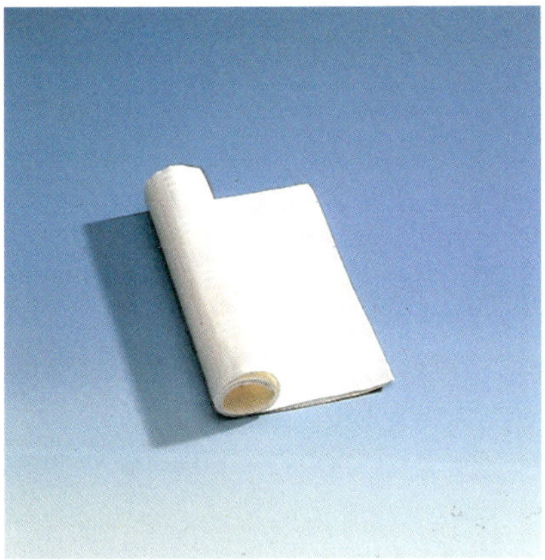

3 Die halbe Rolle weiter bis zum Ende aufrollen: So ergibt sich die Rolle

Wenn normal große Eßteller aufgedeckt sind, sollten die Rollen aus 40 x 40 cm großen Servietten gefaltet sein. Auf Platztellern machen sie sich aber auch gut, wenn sie etwas länger sind

4 Zweifache Welle
5 Dreifache Welle

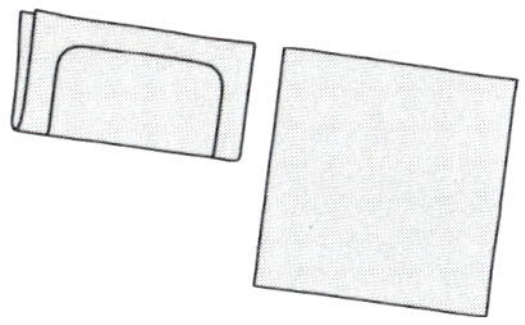

4a Für die zweifache Welle muß die halbe Rolle zuerst umgedreht werden

4b Dann das rechte Ende zur Mitte hin einrollen. So ergibt sich die Welle

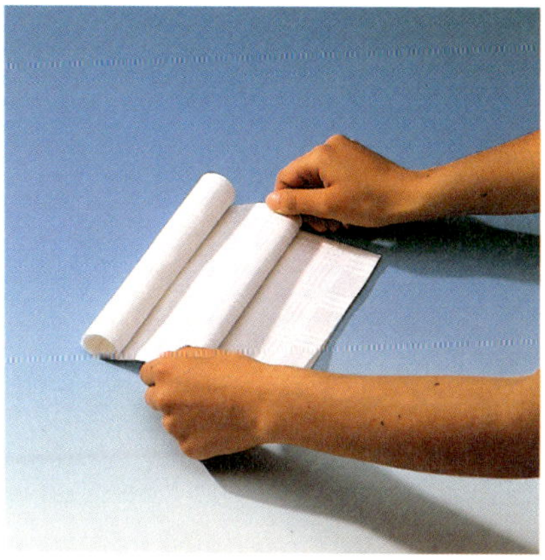

5 Das rechte Ende der halben Rolle wird in zwei Falten geschoben

Die halbe Rolle ist Ausgangsform sowohl für die zweifache Welle (auf dem Teller) als auch für die dreifache Welle. Wie für die Rollen sind auch hier 40 x 40 cm große Servietten angebracht

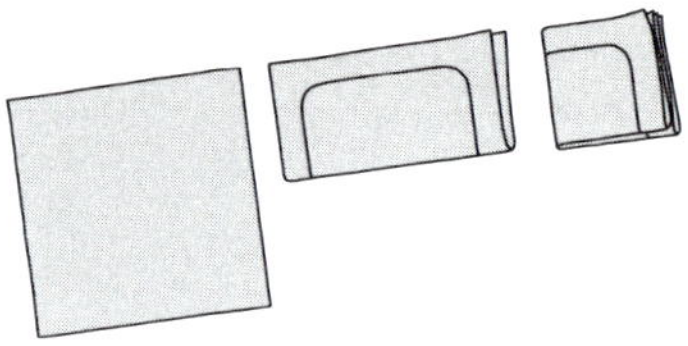

6 Einfache Tasche
7 Tasche mit drei Einschlägen

Besonders hübsch sieht es aus, wenn etwas in die Tasche hineingelegt wird, zum Beispiel ein Seidenblumengesteck, Konfekt oder die Kuchengabel

Wenn sie für die Kaffeetafel gedacht ist, darf die Tasche nicht zu groß sein. Die ungefaltete Serviette sollte höchstens 40 x 40 cm messen

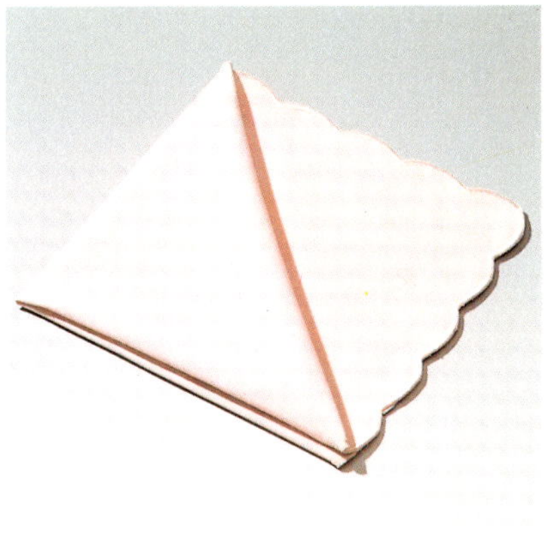

6 Nach den Grundschritten wird die obere Lage nach innen eingeschlagen

7a Eine weitere Ecke der einfachen Tasche nach innen einschlagen

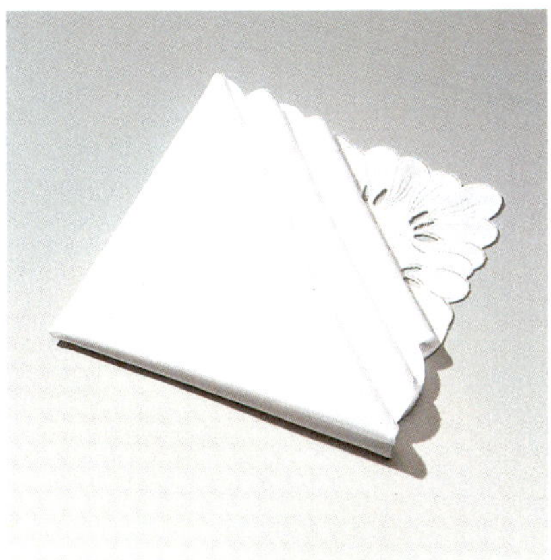

7b Nach dem Einschlagen der dritten Lage kommt die Eckverzierung zum Vorschein

8 Tasche mit Umschlag
9 Tasche mit zwei Umschlägen

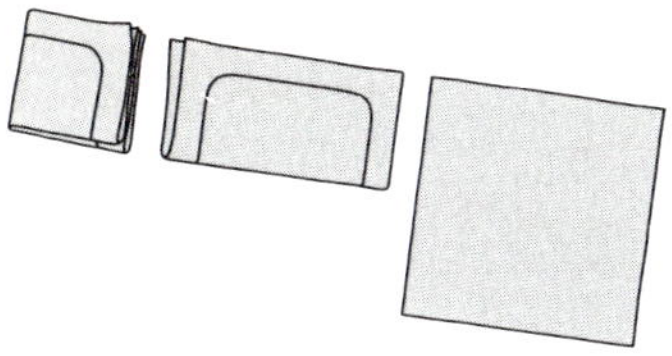

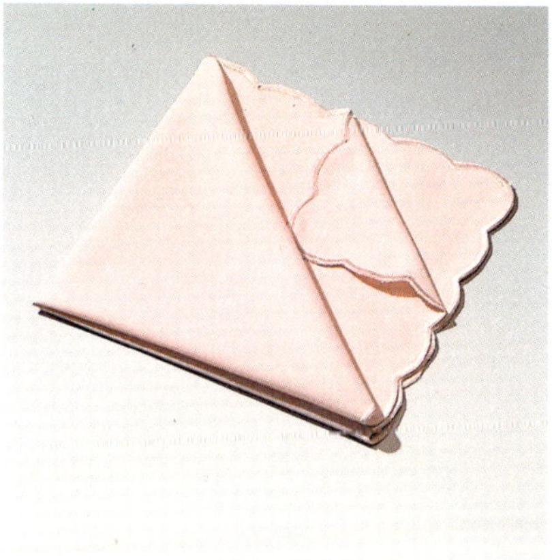

8 Eine Variante der einfachen Tasche: die obere Lage nach außen schlagen

Taschen lassen sich gut aus Vlies- oder Papierservietten herstellen, denn diese werden bereits so vorgefaltet verkauft, daß die Grundschritte entfallen

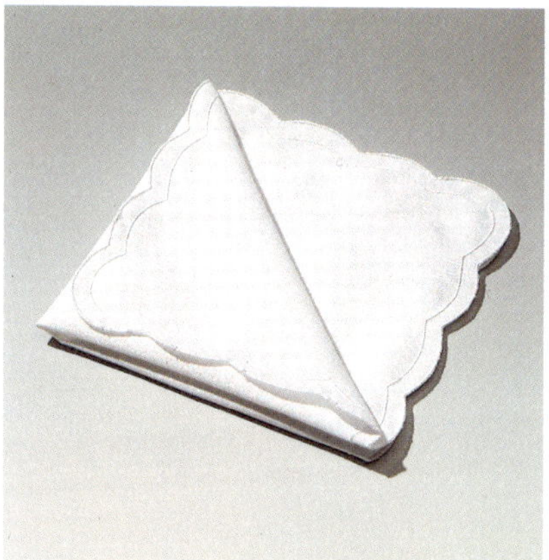

9a Nach den Grundschritten die obere Lage diagonal nach außen schlagen

9b Eine weitere Ecke nach außen umschlagen, so daß die Verzierung zu sehen ist

Wenn zu Beginn die rechte Seite der Serviette oben liegt mit der Eckverzierung unten rechts, bleibt die meist weniger ansehnliche linke Seite verdeckt

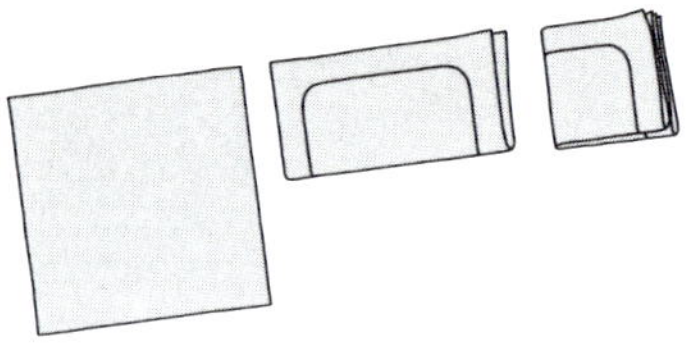

10 Einfache Mütze
11 Sächsische Schützenmütze

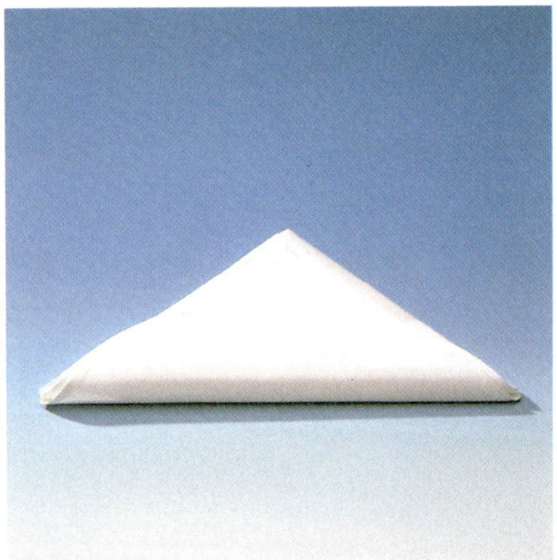

10a Nach den Grundschritten diagonal falten, so daß die vier Ecken oben liegen

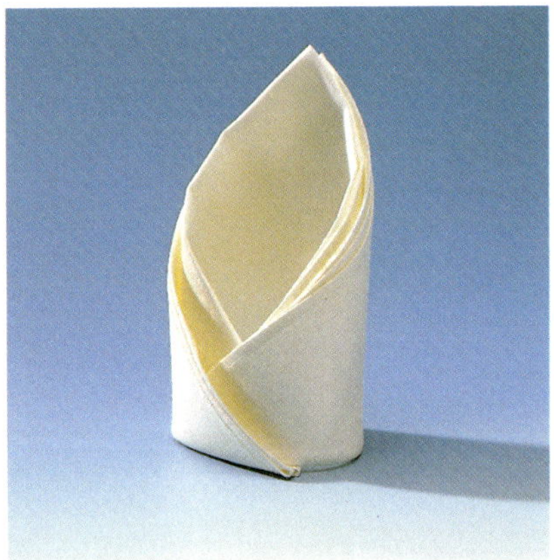

10b Die seitlichen Ecken nach hinten biegen und ineinanderstecken

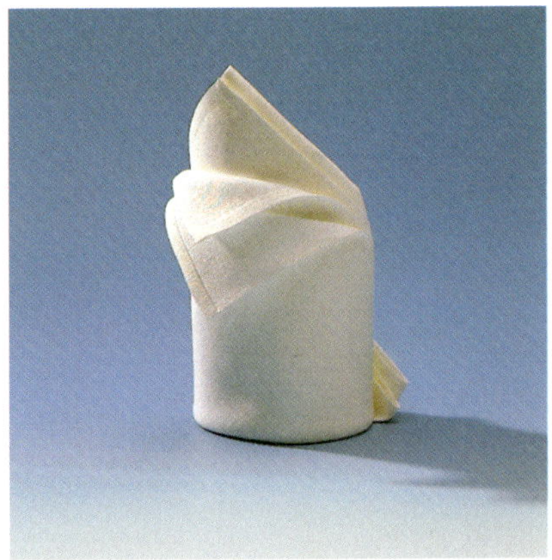

11a Die Zipfel der einfachen Mütze nacheinander herunterziehen

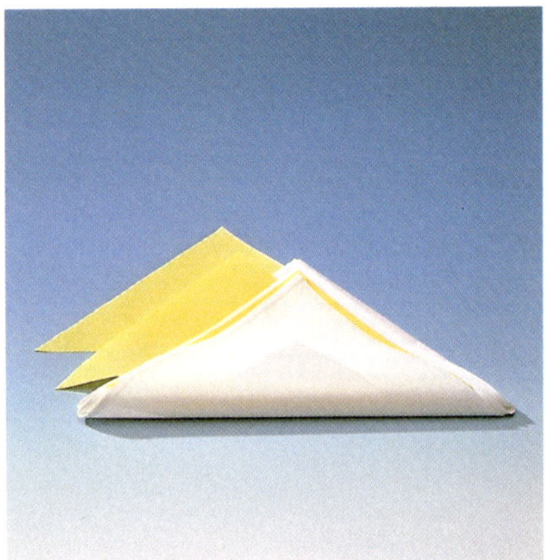

11b Für die farbige Variante werden drei Papierdreiecke zwischengelegt

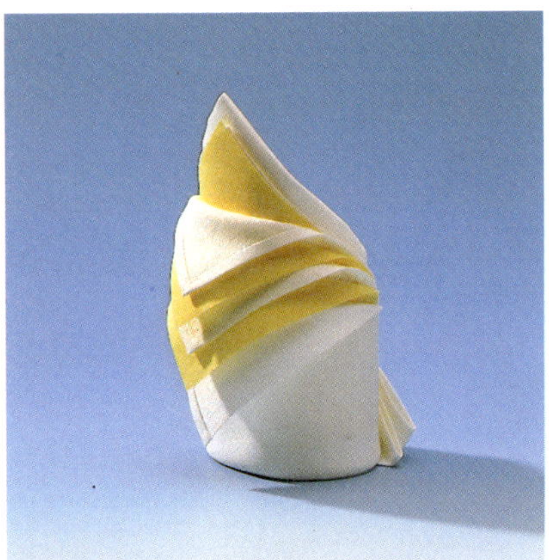

11c Nach dem Zusammenstecken wieder beliebig viele Zipfel herunterziehen

Es bietet sich an, die farbigen Spitzen der sächsischen Schützenmütze passend zu der übrigen Tischdekoration zu wählen, wie das fernöstliche Beispiel auf Seite 78 zeigt

12 Mütze mit Umschlag
13 Mütze mit geklapptem Umschlag

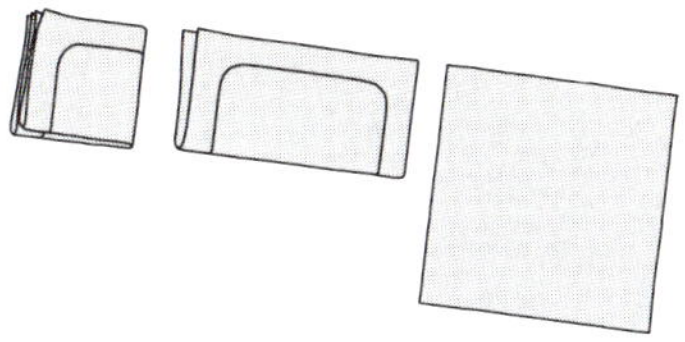

12a Nach den Grundschritten die rechte untere Ecke wie gezeigt nach oben falten

12b Die seitlichen Ecken nach hinten biegen und ineinanderstecken

13 Für die Mütze mit geklapptem Umschlag die Spitze nach unten falten

Aus der Mütze mit Umschlag (links) ergibt sich die Variante mit dem geklappten Umschlag. Noch eine Dekorationsidee: eine Seidenblume hinter den Umschlag stecken

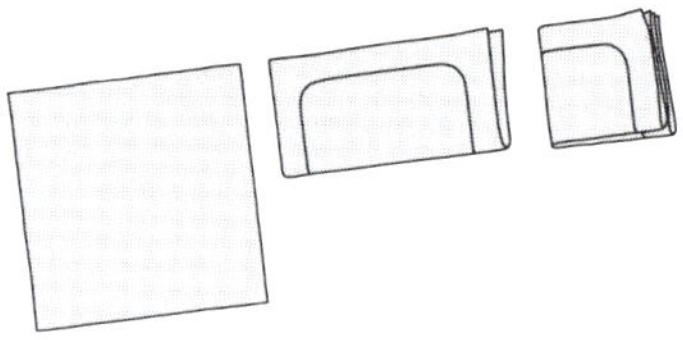

14 Dreispitz
15 Melone

14a Nach den Grundschritten die untere linke Ecke diagonal nach oben falten

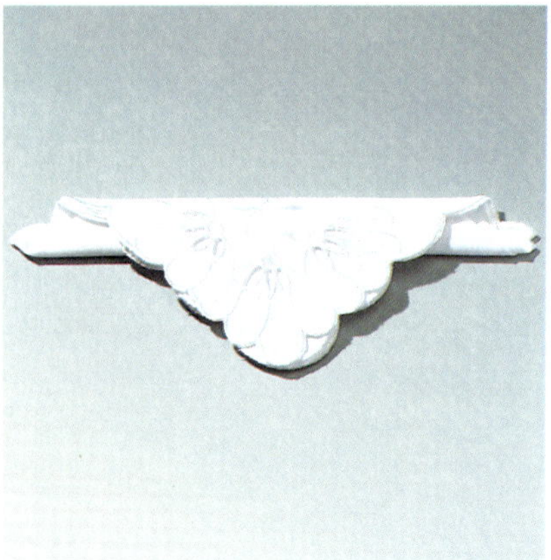

14b Die oben liegenden Ecken über die untere Kante hinaus nach unten falten

Die Melone mit einer rechts auf rechts gefalteten Serviette beginnen. Falls die Rollen nicht gut halten, auf das Einrollen der linken unteren Ecke verzichten und die erste Ecke darüberlegen

15a Die oben rechts liegenden Ecken nacheinander zur Mitte eng einrollen

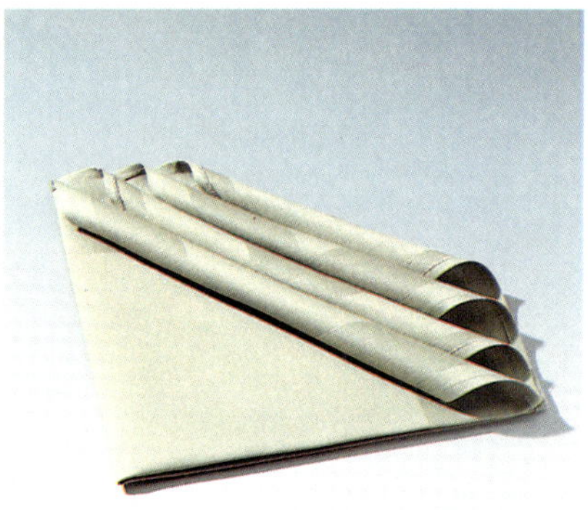

15b So sieht die Serviette aus, wenn alle vier Ecken eingerollt sind

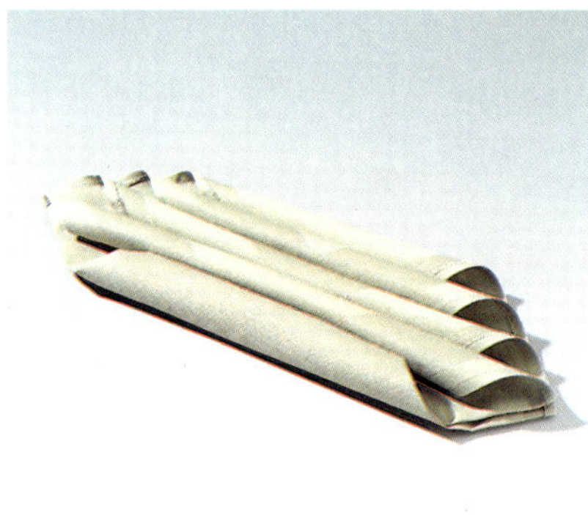

15c Jetzt die verbleibende Ecke gegenseitig zur Mitte einrollen

16 Falter
17 Blüte

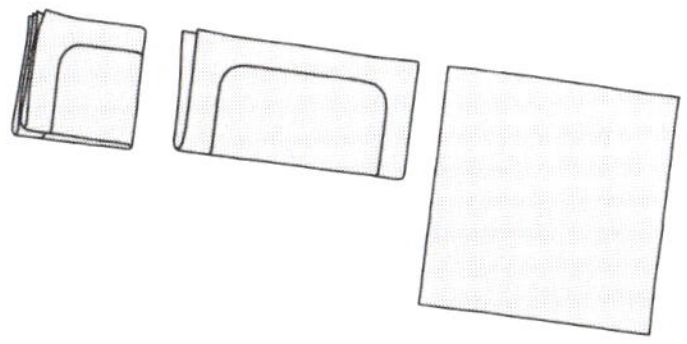

16a Die oben liegende Ecke diagonal auf die untere Ecke falten

16b Diese Ecke jetzt zur Mitte hin in zwei Falten legen

16c Ebenso mit der nächsten oben liegenden Ecke verfahren

Wenn die linke Seite zum Beispiel durch einen angenähten Spitzenrand weniger ansehnlich ist, sollten Falter und Blüte mit einer rechts auf rechts gefalteten Serviette begonnen werden

16d Die Serviette an der Diagonalen nach hinten falten und auflegen

17 Die seitlichen Ecken des Falters nach hinten biegen und ineinanderstecken

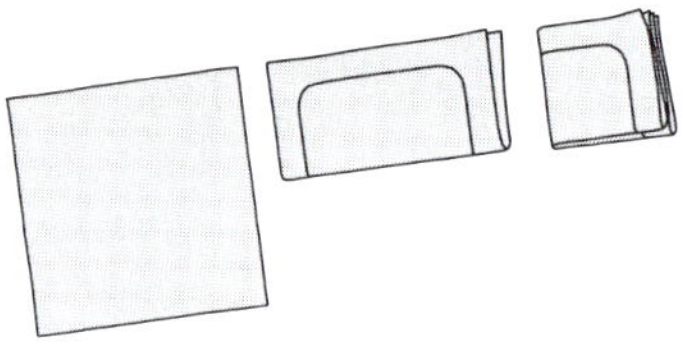

18 Tüte 19 Hut

18a Die beiden oben rechts liegenden Ecken diagonal nach innen einschlagen

18b Mit der Hand in die Tasche fassen und diese über die lange Spitze drehen

19 Die Tüte flachdrücken, umdrehen und die untere Spitze nach oben falten

Gut gestärkte, 40 x 40 cm große Servietten empfehlen sich für diese beiden Faltideen. Dann läßt sich der Hut leicht aufstellen, und die Tüte bleibt geöffnet: ein guter Platz für das Besteck

20 Bischofsmütze

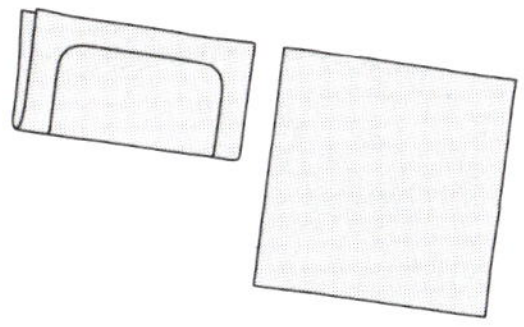

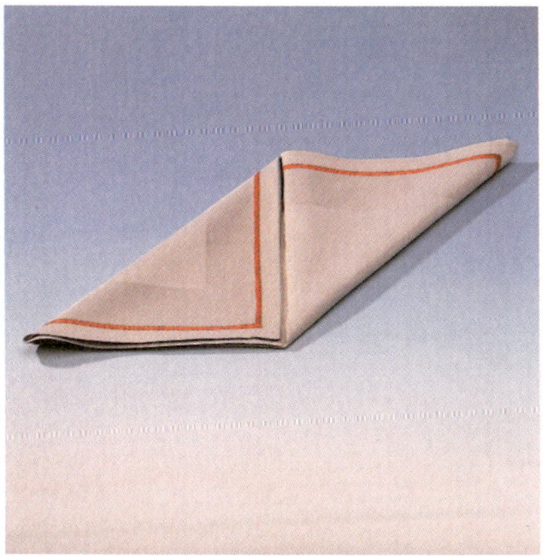

20a Die obere linke und die untere rechte Ecke diagonal zur Mitte falten

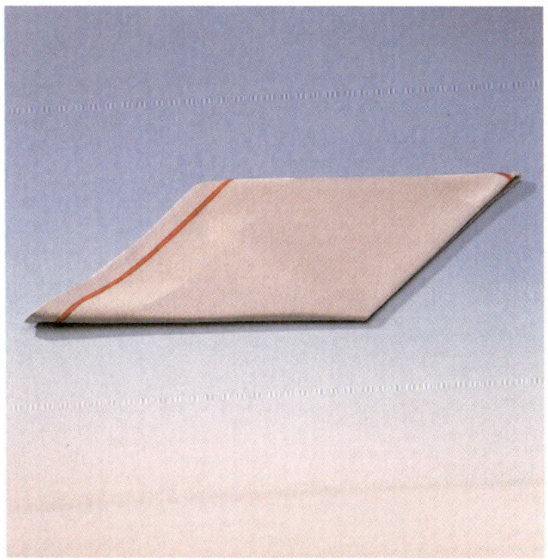

20b Die Serviette wenden, so daß die obere rechte Ecke unten links liegt

20c In der Mitte nach oben falten und das versteckte Dreieck hervorholen

20d Die rechte Seite nach links klappen und unter das Dreieck legen

20e Die linke Seite nach hinten klappen und die Ecke unter das Dreieck stecken

Eine Serviette mit farbigem kontrastierenden Randstreifen kommt bei der Bischofsmütze gut zur Geltung. Zum Aufstellen wird sie leicht oval geformt

21 Megaphon
22 Zelt

21a Den unteren Bruch auf die oberen Kanten falten

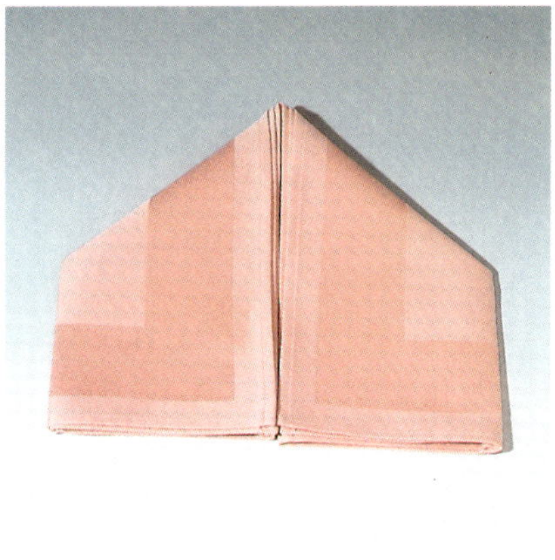

21b Die beiden Seiten gleichmäßig nach unten falten, so daß diese Form entsteht

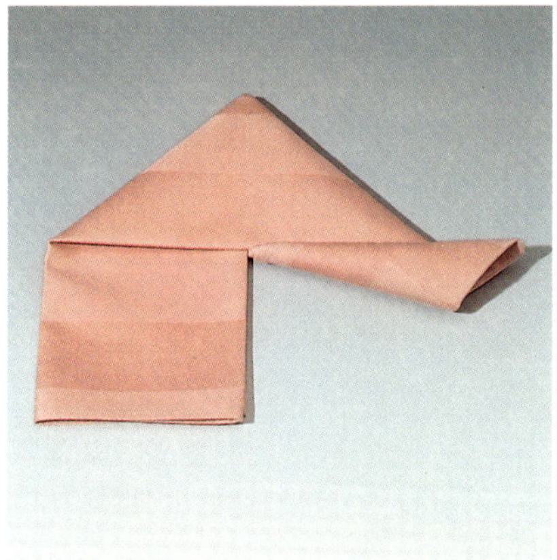

21c Die Serviette umdrehen und die Enden zu Tüten formen

21d Die beiden Tüten aufeinanderklappen und die Serviette aufstellen

22 Genauso wie das Megaphon falten, nur bei 21c das Umdrehen unterlassen

Für diese Formen gut gestärkte Servietten verwenden und die Tüten eng drehen. Diese bei Papierservietten eventuell flachdrücken, damit sie sich nicht wieder aufrollen

23 Sternenfächer

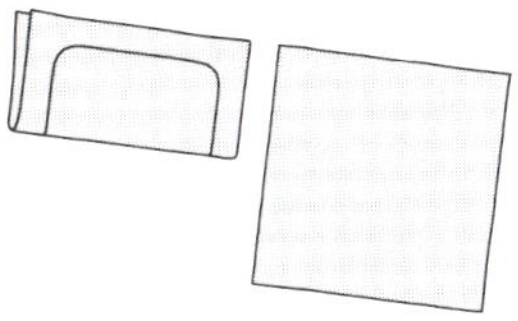

23a Etwa zwei Drittel der oberen Lage nach unten klappen

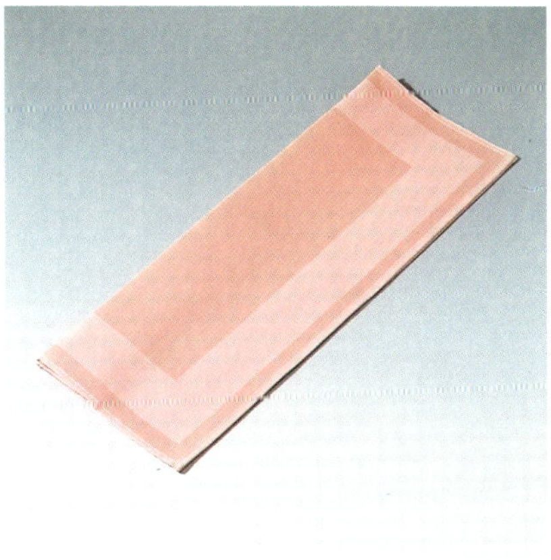

23b Die Serviette umdrehen und wieder etwa zwei Drittel nach unten klappen

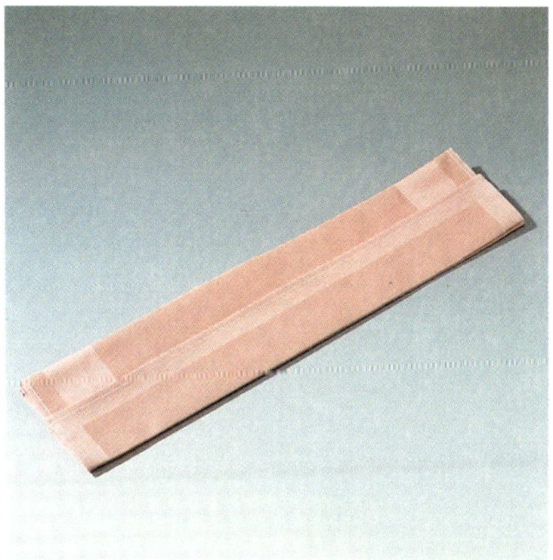

23c Auf beiden Seiten etwa ein Drittel nach oben falten

Wenn die Serviette beim ersten Grundschritt links auf links gefaltet wird, liegt die Naht mit der rechten Seite oben und fällt nicht so stark auf

23d Die Serviette gleichmäßig in sechs bis acht Falten legen

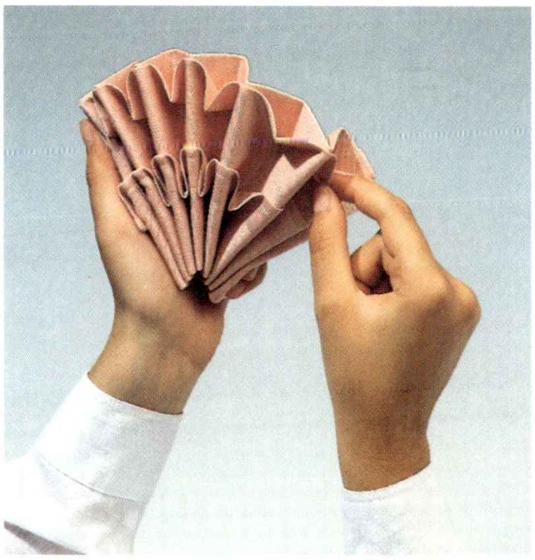

23e Auf beiden Seiten alle tiefliegenden Falten nach vorn ziehen

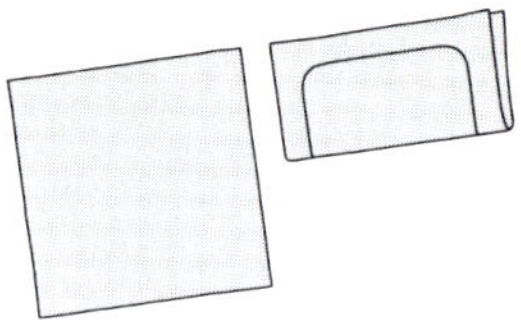

24 Stehender Fächer
25 Einfacher Fächer

24a Die Serviette bis knapp über die Mitte in etwa 2 cm breite Falten legen

24b Mit den Falten unten liegend die Serviette halb nach oben klappen

24c Das rechte Ende diagonal nach vorn zum Fächer hin umschlagen

Für diese beiden Fächer ist es gleichgültig, ob die Serviette beim zweiten Grundschritt nach oben oder nach unten gefaltet wird – nur gut gestärkt sollte sie sein

24d Das überstehende Ende nach unten falten und den Fächer aufstellen

25 Für den einfachen Fächer die Serviette ganz in Falten legen

26 Asiatischer Fächer

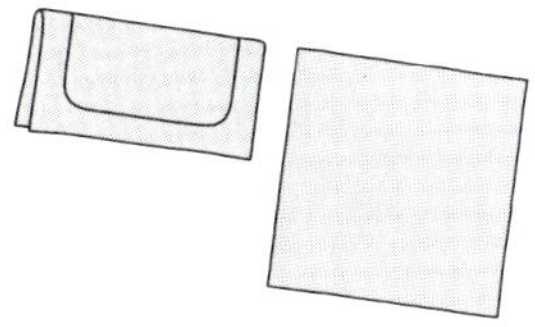

26a Etwa zwei Drittel der oberen Lage nach oben falten

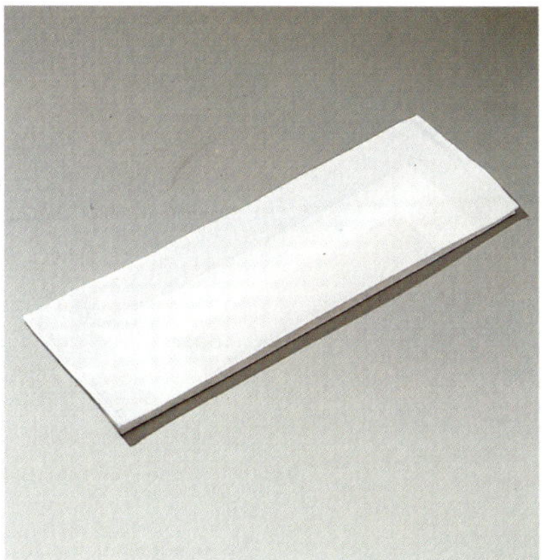

26b Die Serviette umdrehen und wieder zwei Drittel nach oben falten

Wie alle Fächer sieht auch dieser am schönsten aus, wenn er gleichmäßig und symmetrisch gefaltet ist. Voraussetzung dafür ist eine gut gestärkte Serviette

26c Jetzt in mindestens fünf gleichmäßige Falten legen

26d Die offene Seite zusammenfassen und die tiefliegenden Falten hervorziehen

26e Auch die tiefliegenden Falten der Rückseite nach vorn holen und festdrücken

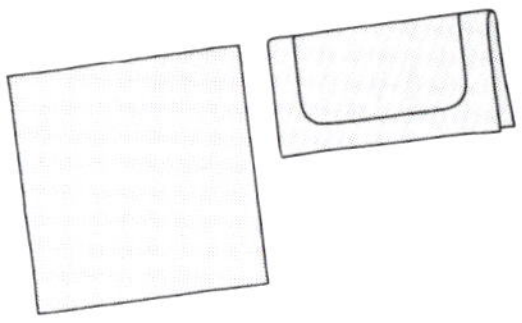

27 Einfacher Tafelspitz
28 Zweifacher Tafelspitz

27a Die oberen Ecken zur Mitte falten, die Kanten dabei nicht knicken

27b Die unteren Ecken aufeinanderlegen und die Serviette aufstellen

Einfach herzustellen und sehr wirkungsvoll: der Tafelspitz läßt sich aus Servietten aller Größen falten, je nachdem ob für das Kaffeegedeck oder den Platzteller

28a Die obere linke Ecke zur Mitte falten, die Kante nicht knicken

28b Die untere rechte Ecke der oberen Stofflage nach links unten herüberlegen

28c Das rechts verbliebene Dreieck nach links klappen und die Serviette aufstellen

29 Doppelter Tafelspitz

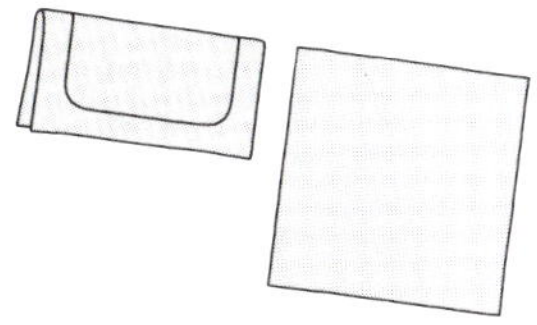

29a Die untere linke Ecke der oberen Stofflage nach rechts unten herüberlegen

29b Die rechte Hälfte des entstandenen Dreiecks nach links klappen

29c Schritt 29a seitenverkehrt: Die untere rechte Ecke kommt nach links

Der doppelte Tafelspitz läßt sich auch gut aus Vlies- oder Papierservietten falten, da die nötigen Knicke genau den bereits vorhandenen entsprechen

29d Wiederum die rechte Hälfte des Dreiecks nach links klappen

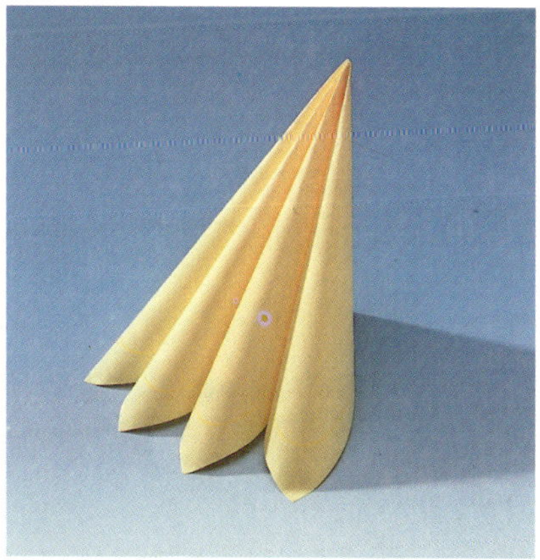

29e Die Serviette aufstellen, ohne die Kanten zu knicken

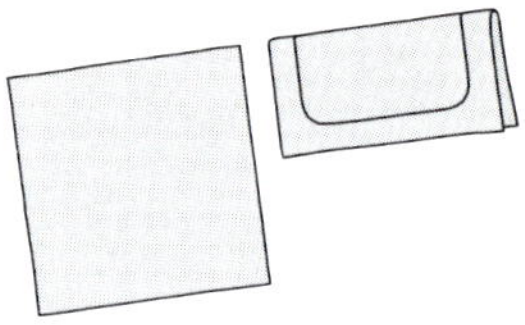

30 Dreifacher Fächer
31 Dreifacher Fächer mit Spitzen

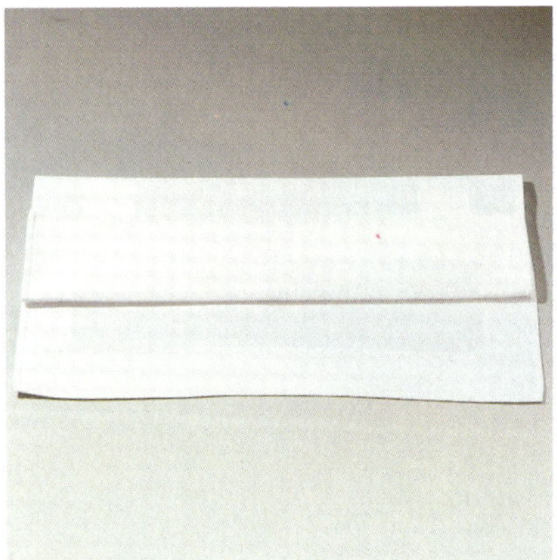

30a Die obere Lage etwas weniger als halb hochklappen

31 Die unteren tiefliegenden Falten des dreifachen Fächers hervorholen

30b Die untere Lage hochklappen, so daß drei etwa gleiche Blenden entstehen

32 Für die Doppelspitzen auch die Falten der oberen Kante nach vorn knicken

30c Die Serviette gleichmäßig in sechs bis acht Falten legen und auffächern

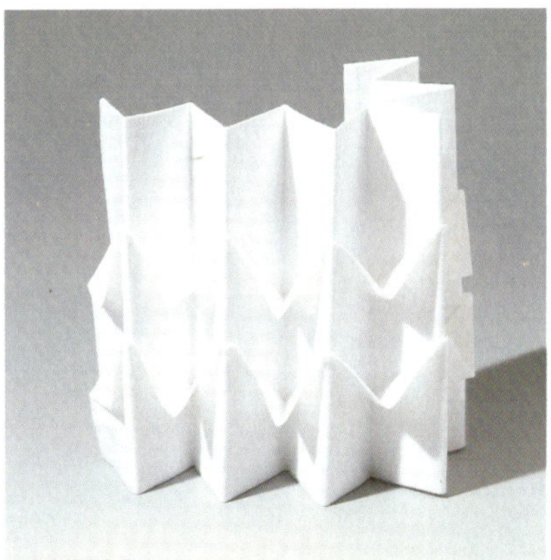

33 Den dreifachen Fächer mit Doppelspitzen zu einem Turm zusammenstellen

32 Dreifacher Fächer mit Doppelspitzen
33 Turm von Babylon

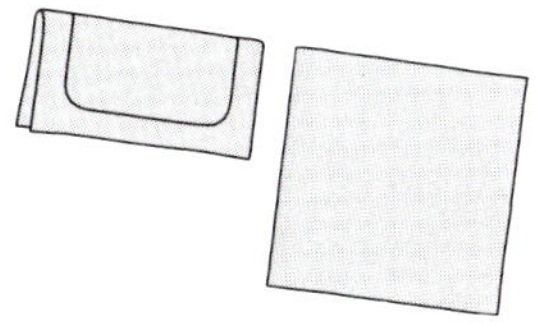

Abgesehen von den Spitzen, sind diese Fächer recht leicht zu falten. Aber auch die Spitzen lassen sich gut nach vorn knicken, wenn man das untere Ende faßt und fest zusammendrückt

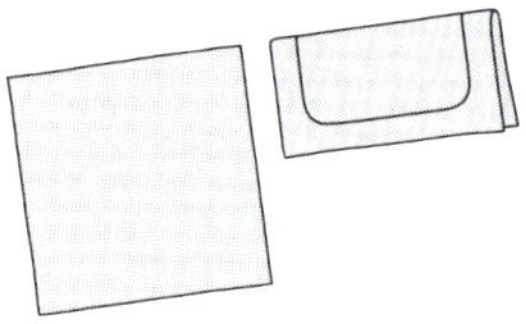

34 Pfeiler

34a Nach den Grundschritten die oberen Ecken diagonal zur Mitte falten

34b Die Seiten zur Mitte falten, so daß die Ecken die untere Spitze bilden

34c Die „Füße“ des umgedrehten Pfeilers hochklappen, leicht geknickt aufstellen

Die beiden Seiten des aufgestellten Pfeilers bilden ein Dreieck, die „Füße“ zeigen nach hinten. Aufgrund seiner schlichten Form ist eine zusätzliche Dekoration angebracht

35 Dschunke

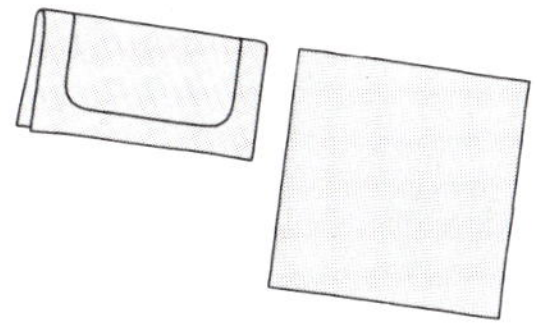

35a Die rechte Seite auf die linke falten, so daß ein Quadrat entsteht

35b Die offenen Ecken unten links auf die gegenüberliegende Spitze falten

35c Die Seiten zur Mitte falten, so daß die Ecken unten eine Spitze bilden

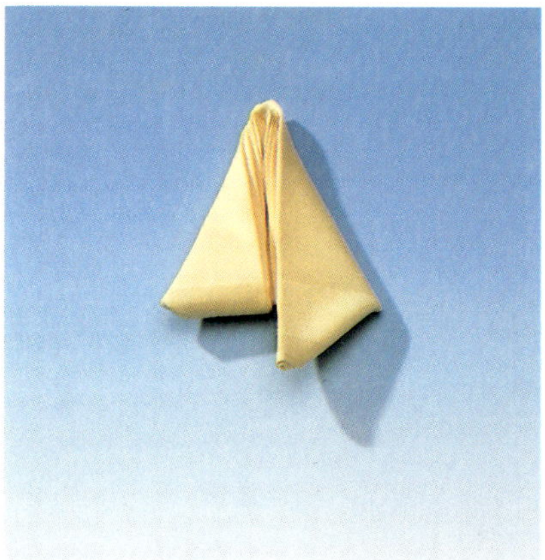

35d Jetzt die unteren Ecken nach hinten klappen und festdrücken

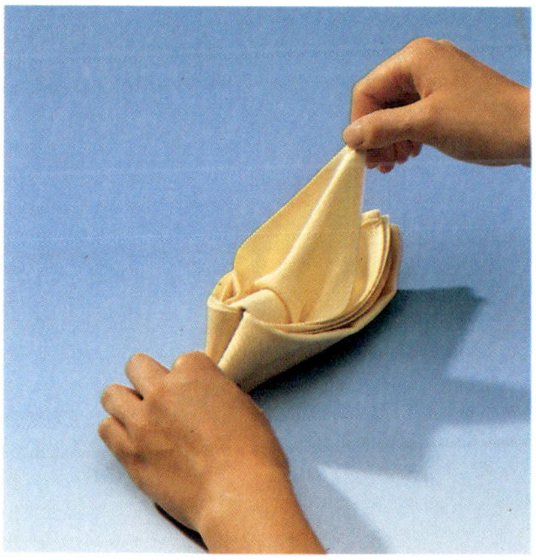

35e Die Seiten nach hinten aufeinanderfalten und die vier Ecken hochziehen

Die Dschunke zu falten ist nicht so schwierig, wie es auf den ersten Blick scheint. Aber beim „Segelhissen" muß man schon kräftig ziehen und dabei unbedingt das „Heck" gut zusammenhalten

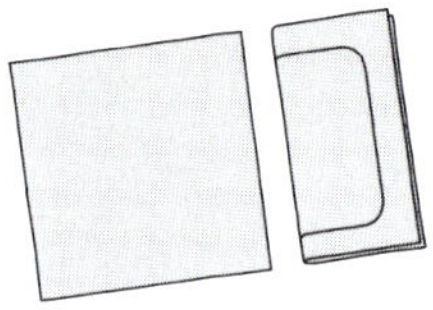

36 Schleifenpantoffel

36a Die beiden oberen Ecken der Serviette zur Mitte falten

36b Die dadurch entstandene Spitze nach unten klappen

36c Die Serviette umdrehen und die oberen Ecken wieder zur Mitte falten

36d Die Serviette nochmals umdrehen und das untere Ende in Falten legen

36e Die Falten unter dem Quadrat festhalten und seitlich auffächern

Dieser Schleifenpantoffel wurde aus einer Vliesserviette gefaltet. Die Faltenreihe endet mit einer Minifalte, die den Übergang zu dem glatten Teil interessanter macht

37 Kardinalshut

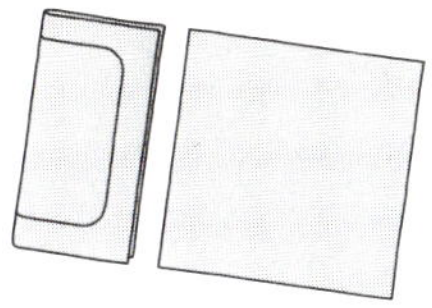

37a Das obere Ende zweimal schmal nach hinten, das untere Ende nach vorn falten

37b Die oberen Ecken zur Mitte falten, so daß der Umschlag wieder auftaucht

37c Den unteren Teil versetzt nach oben klappen und die Ecken wieder zur Mitte falten

Für den Kardinalshut muß die Serviette mindestens 50 x 50 cm groß sein: Da viel Stoff eingeschlagen wird, gerät die Figur sonst zu klein und kann kaum noch zusammengesteckt werden

37d Den unteren Teil nach oben klappen, so daß diese Form entsteht

37e Die seitlichen Teile nach hinten biegen und ineinanderstecken

Gruppe B

Bei den nun folgenden Formen der Gruppe B wird wieder von der offenen Serviette ausgegangen. Sie wird mit der linken Seite nach oben auf den Tisch gelegt, allerdings muß jetzt eine Ecke nach unten zeigen. Im zweiten Schritt wird diese Ecke auf die gegenüberliegende gefaltet, so daß ein Dreieck entsteht.

Jetzt werden die rechte und linke Ecke auf die obere gefaltet: Dafür mit dem Daumennagel genau die Mitte der Faltkante festhalten und die Ecken nacheinander nach oben legen.

Die für jede Serviettenform nötigen Grundschritte werden im folgenden jeweils oben auf der Seite als kleine Skizze wiederholt. So ist gleich zu erkennen, welches die Anfangsschritte sind.

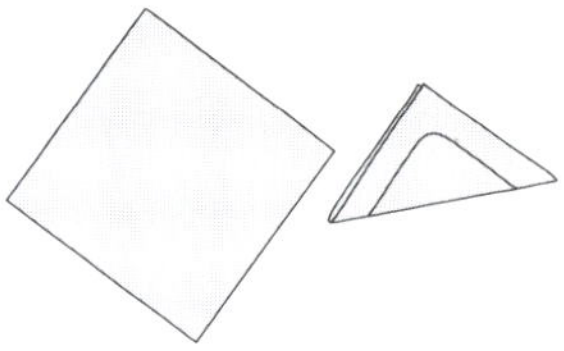

38 Kuvert

38a Nach den Grundschritten die seitlichen Ecken zur unteren Mitte klappen

38b Die linke und rechte Seite noch einmal zur Mitte falten

38c Wenn beide Seiten zur Mitte geklappt sind, ergibt sich diese Form

Dieses Kuvert wurde aus einer 50 x 50 cm großen Stoffserviette gefaltet. Auch Papier- oder Vliesservietten sind gut geeignet, wenn sie nicht kleiner als etwa 40 x 40 cm sind

38d Das untere Ende bis zur Grundseite des Dreiecks hochfalten

38e Zuletzt durch Umschlagen des Dreiecks das Kuvert schließen

39 Herrenjacke
40 Smoking

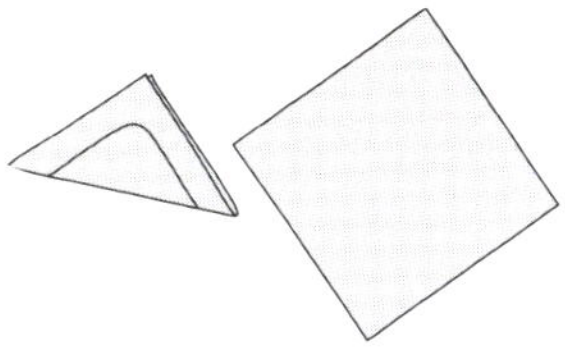

39a Die Faltkante etwa 2 bis 3 cm nach oben falten

39b Die Serviette umdrehen und die seitlichen Ecken zur Spitze falten

39c Die Seiten nach hinten klappen, so daß diese Form entsteht

39d Zuletzt noch das untere Ende einschlagen und die Jacke mit einer Schleife dekorieren

40 Zuerst einen Schalkragen falten, dann wie bei der Herrenjacke fortfahren

Erst die „Fliege" macht die Herrenjacke oder den Smoking komplett: glitzerndes Geschenkband oder roten Samt zu einer Schleife binden und auf die Serviette legen

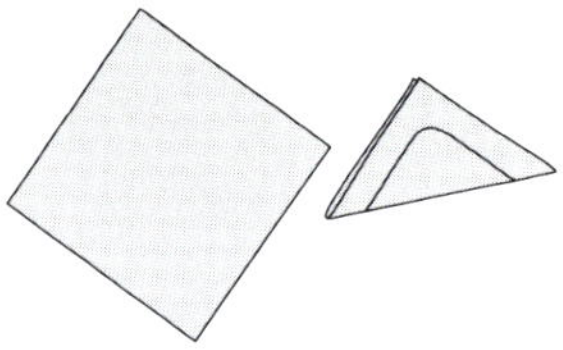

41 Schwinge
42 Palmwedel
43 Sankt-Jakobs-Muschel

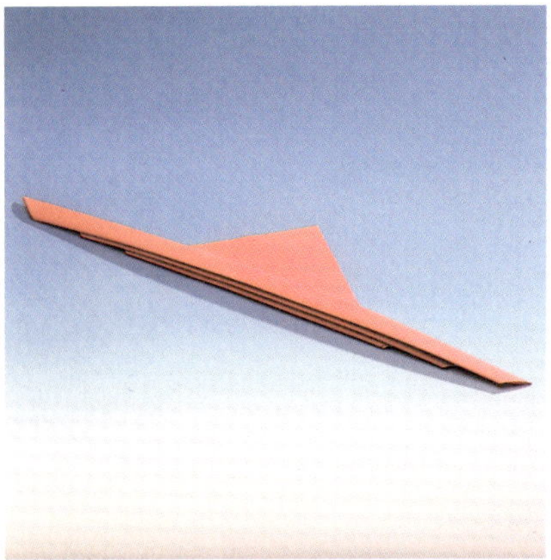

41a Das Dreieck ganz in Falten legen: Die Spitze sollte nach hinten zeigen

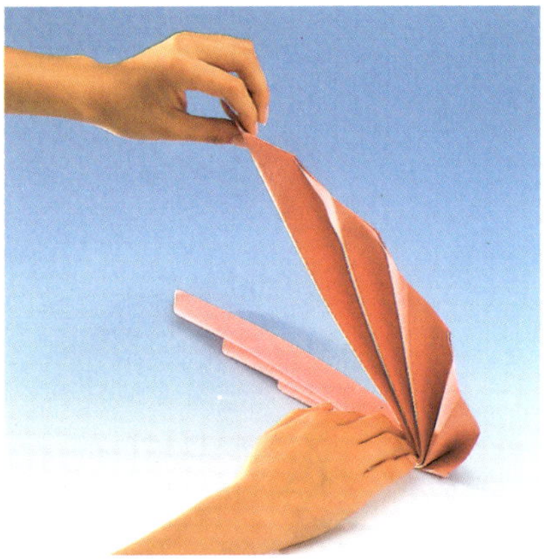

41b Die Ecken aufeinanderklappen und die Serviette seitlich auflegen

42 Für den Palmwedel die Hälften der Schwinge mit einer Nadel zusammenhalten

43 Die Muschel entsteht, wenn der Fuß des Palmwedels eckig ausgeformt wird

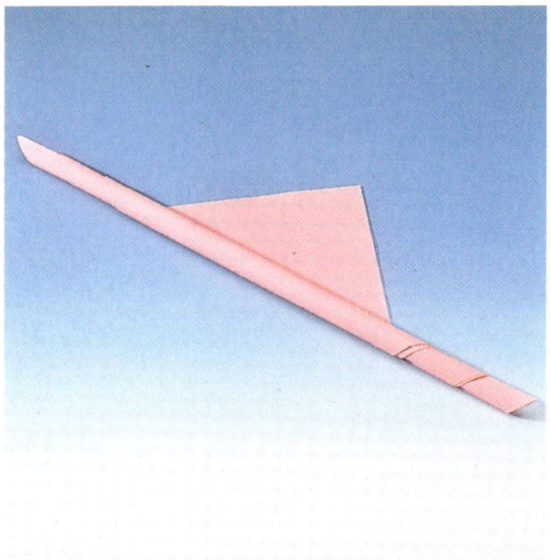

44a Das Dreieck von der Grundlinie her aufrollen, aber nicht vollständig

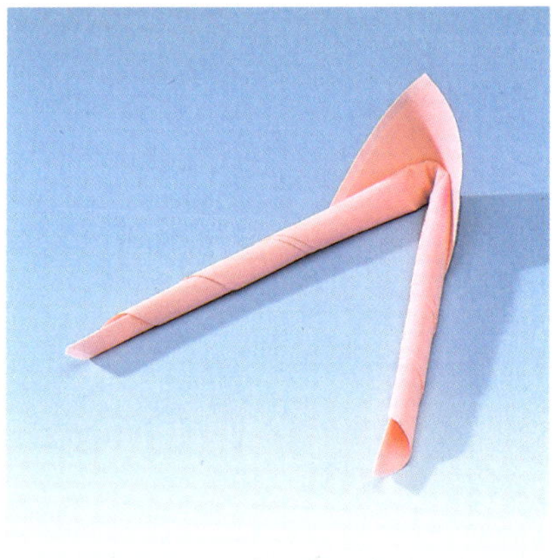

44b Die Serviette in der Mitte knicken und aufstellen

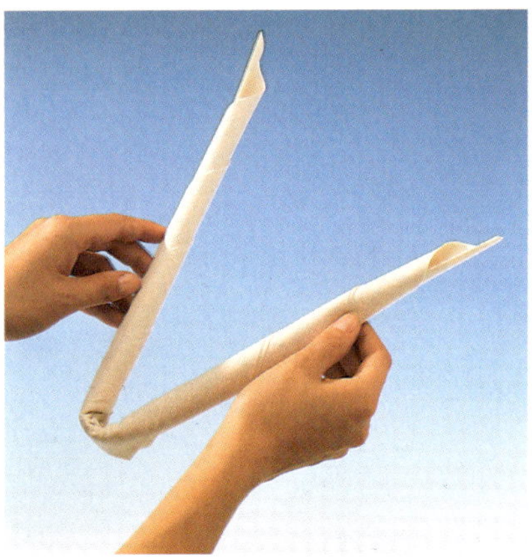

45 Das Dreieck vollständig aufrollen, knicken und in ein Glas stellen

46a Die Faltkante des Ausgangsdreiecks etwa 2 bis 3 cm nach oben falten

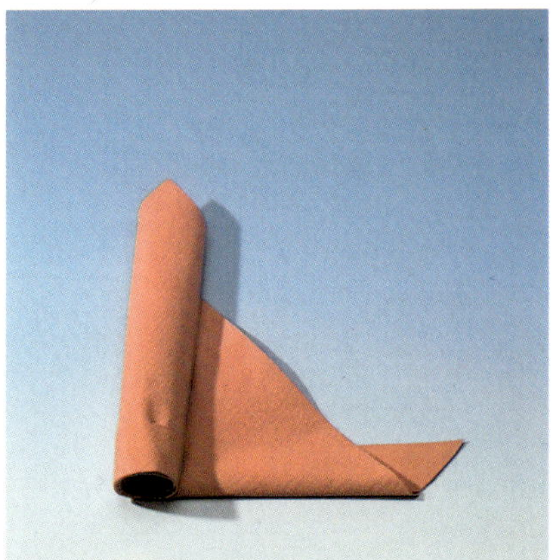

46b Die Serviette umdrehen, aufrollen und das Ende in den Umschlag stecken

44 Wünschelrute 45 Zigarrenspitzen 46 Säule

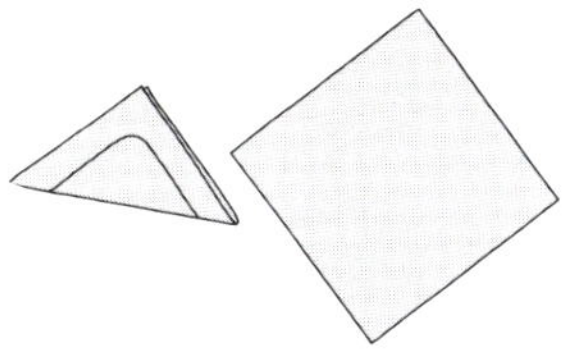

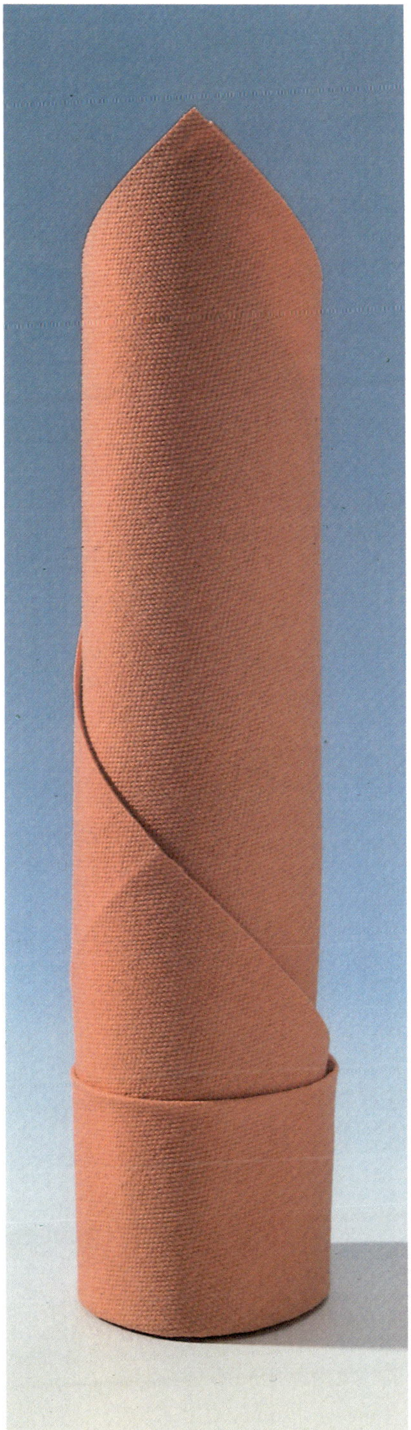

Für diese Formen sind 40 x 40 cm große Servietten völlig ausreichend. Auch gut gestärkt, läßt sich der Palmwedel nur mit Hilfe einer Nadel aufstellen

Die Säule wirkt um so schlanker, je enger die Serviette aufgerollt wird

Auch hierfür sollten die Servietten nicht größer als 40 x 40 cm sein. Statt die Zigarrenspitzen in ein Glas zu stellen, können sie auch mit einem Band zusammengehalten werden

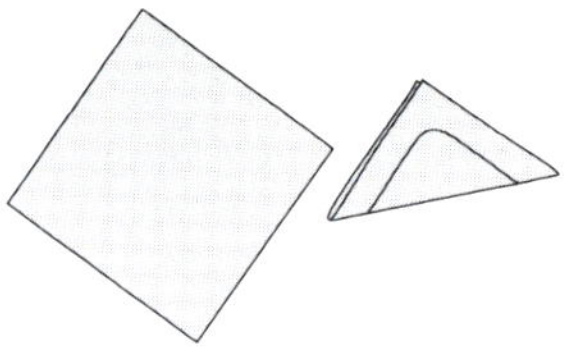

47 Obelisk

47a Eine Ecke des Ausgangsdreiecks nach unten falten

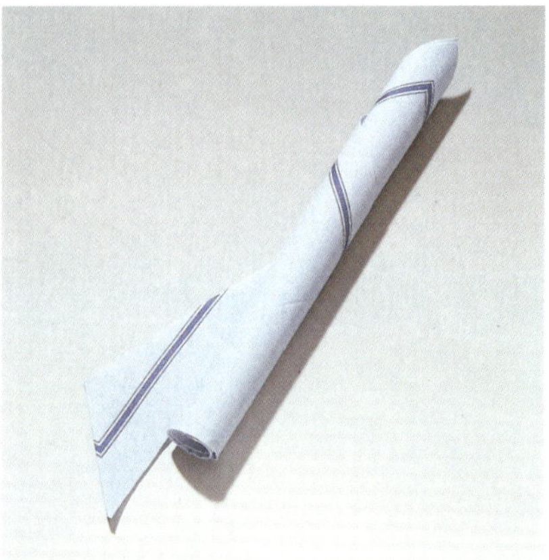

47b Von der anderen Ecke her die Serviette an der Grundlinie entlang aufrollen

47c Das überstehende Ende in die untere Öffnung stecken

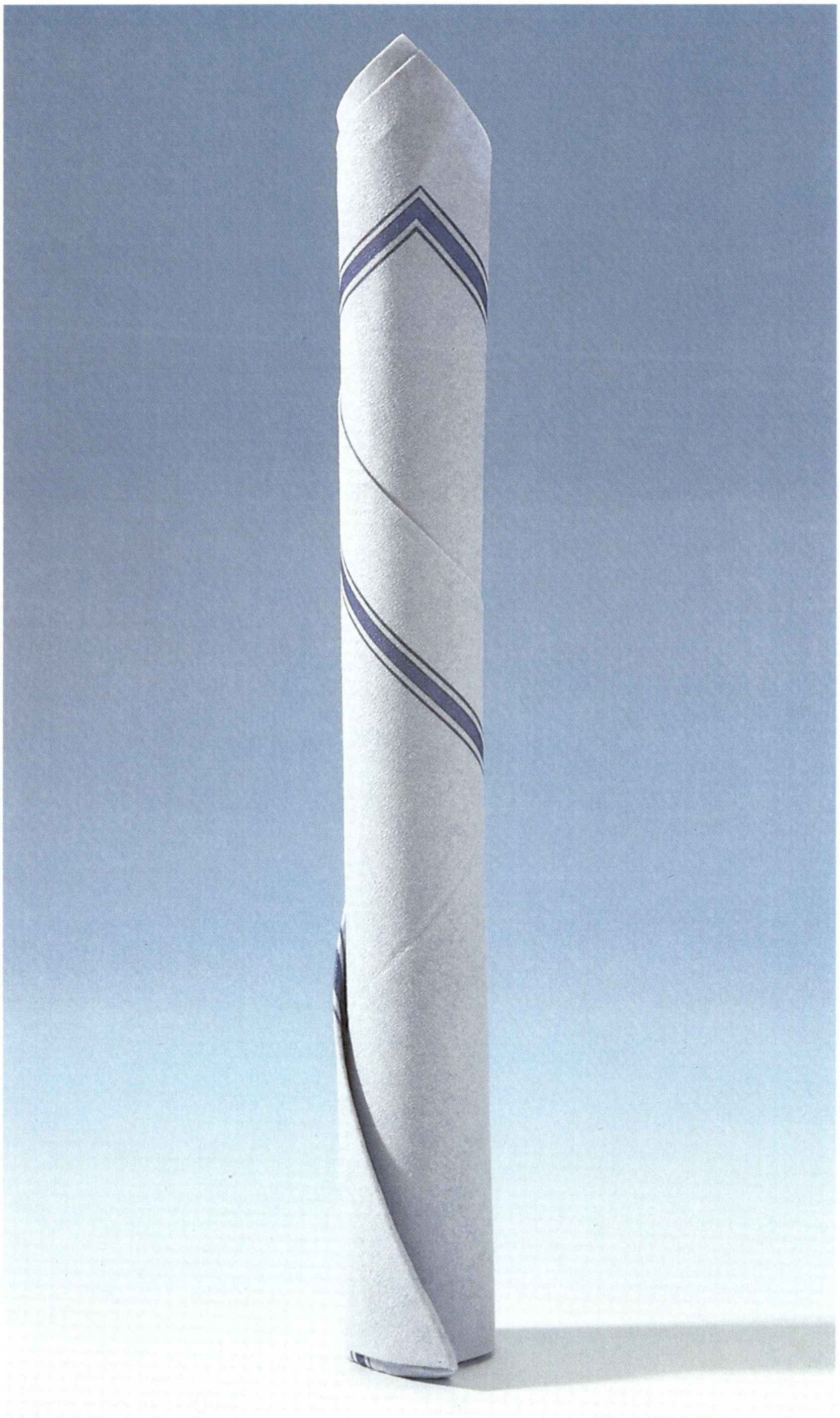

Je größer die Serviette, desto höher der Obelisk: Etwa 30 x 30 cm oder 40 x 40 cm große Servietten, die auch aus Papier oder Vlies sein können, sind deshalb am besten

48 Kerze

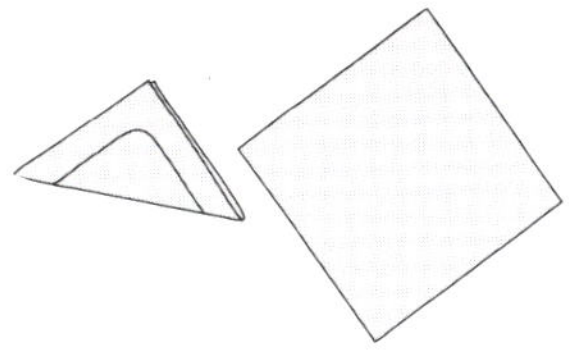

48a Die Spitze des Ausgangsdreiecks auf die Faltkante klappen

48b Die obere Lage so weit zurückfalten, daß die Spitze etwas übersteht

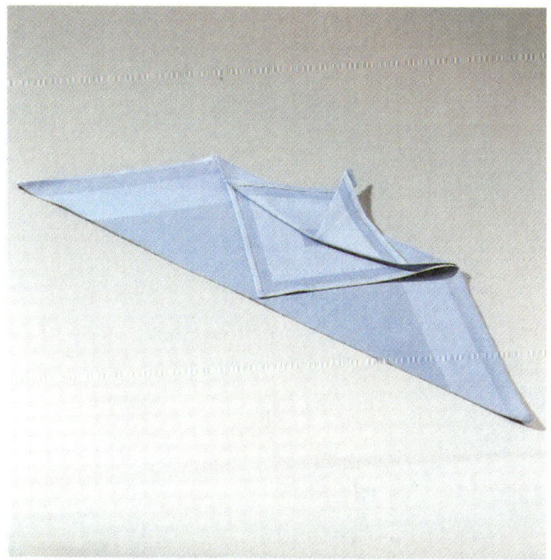

48c Eine Falte in das kleine Dreieck legen, die die Flamme darstellen soll

In einem Glas oder mit einem Band zusammengehalten, kann sich die Kerze nicht wieder aufrollen. Aus Stoff gefaltet, bleibt sie auch in Form, wenn sie auf einer rauhen Oberfläche steht

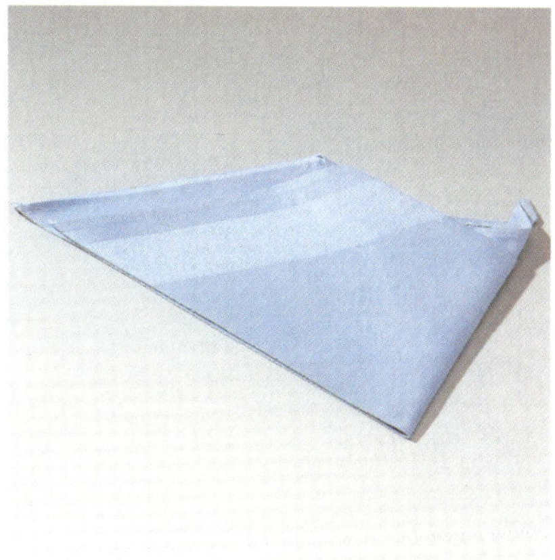

48d Die rechte Seite kurz vor der „Flamme“ nach links klappen

48e Von der seitlichen Faltkante her aufrollen und aufstellen

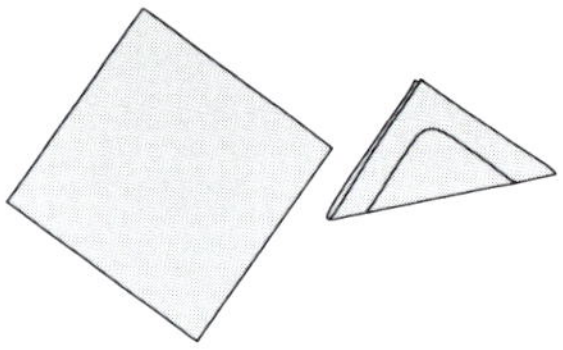

49 Cowboyhut

49a Die Ecken zur Mitte falten, so daß die Nahtkanten waagerecht liegen

49b Die obere Lage der Spitze nach unten klappen, so daß diese Form entsteht

49c Die Serviette umdrehen und das verbliebene Dreieck nach unten falten

Damit die Nähte verdeckt werden, muß die Serviette zu Beginn mit der rechten Seite oben liegen. Den Hut oval ausformen, die Spitze etwas eindrücken

50 Stiefmütterchen

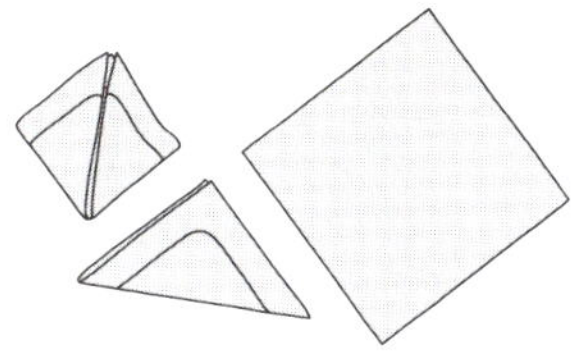

50a Nach den drei Grundschritten die untere Spitze nach oben falten

50b Die Faltkante in drei Falten legen, die Serviette umdrehen und festhalten

50c Die drei Spitzen herunterziehen und die Ecken etwas nach hinten biegen

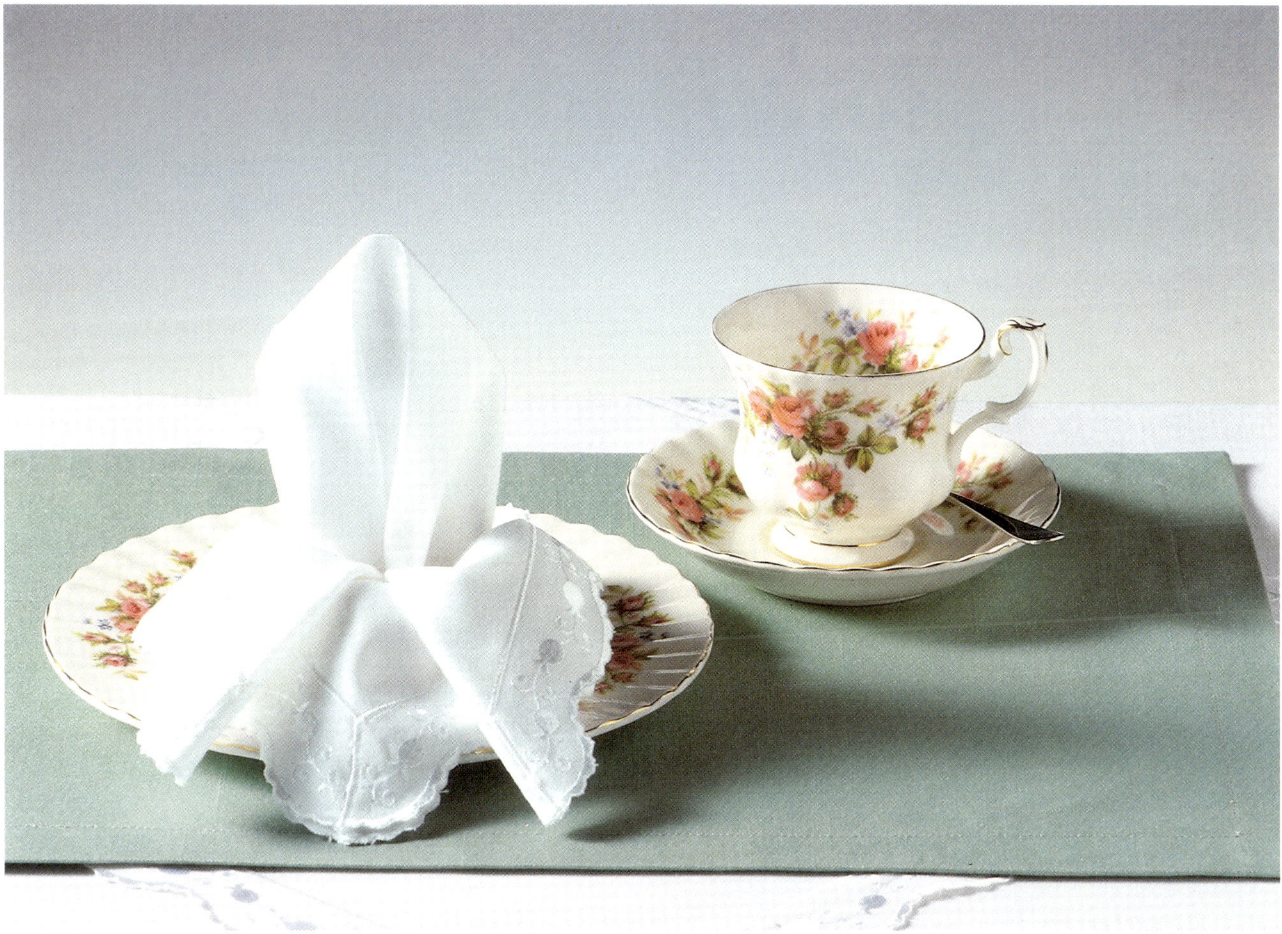

Aus einer etwas kleineren Serviette mit zartem Spitzenrand gefaltet, eignet sich das Stiefmütterchen gut für ein Kaffeegedeck. Aber auch in einem Weinglas stehend, macht es sich gut

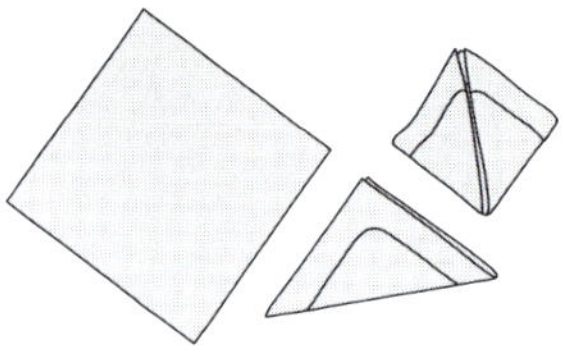

51 Bischofshut

51a Für den zweifarbigen Bischofshut Papierservietten zu dieser Form schneiden und auflegen

51b Dann die untere Spitze der Serviette nach oben falten

51c Die Spitze wieder auf die Grundlinie zurückklappen

Mit einem kleinen Trick wird aus dem einfarbigen Bischofshut ein zweifarbiger: Die fernöstliche Tafel auf Seite 78 zeigt, welcher Effekt damit zu erzielen ist

51d Die Ecken hinten zusammenstecken, die Spitzen vorn in den Rand einstecken

51e Der zweifarbige Bischofshut, wenn die Ecken ineinandergesteckt sind

52 Banane
53 Maiskolben

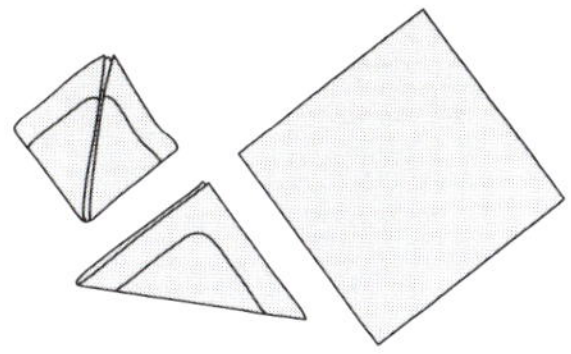

52a Wie beim Bischofshut links vorgehen, nur die untere Hälfte nicht so weit hochfalten

52b Die zwei Spitzen herunterziehen wie die Schale einer Banane

53 Für den Maiskolben zusätzlich die obere Lage der Spitze herunterklappen

Die Serviettenform auf dem Teller erinnert mit ihren heruntergezogenen Spitzen an das Schälen einer Banane, in der umgeklappten Spitze des Maiskolbens lassen sich die Samenfäden sehen

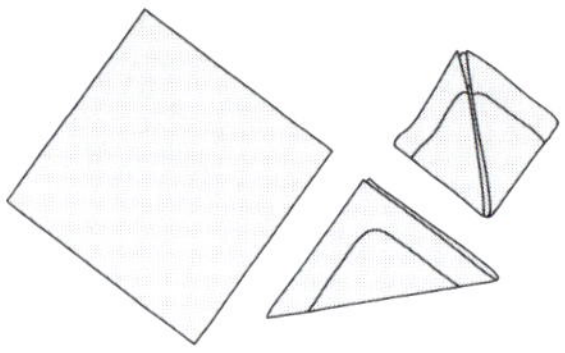

54 Turmspitze 55 Flügeltor 56 Torbogen

54a Nach den drei Grundschritten die untere Spitze nach hinten falten

54b Die seitlichen Ecken nach hinten biegen und ineinanderstecken

Bei der Turmspitze und dem Flügeltor kommen Servietten mit Randdekor gut zur Geltung. Beim Torbogen (links) kann der Bogen noch runder ausgeformt werden

55a Die beiden Spitzen der Turmspitze zur Seite ziehen und ausformen

55b Schließlich noch die obere Lage der mittleren Spitze herunterklappen

56 Wie die Turmspitze falten, nur die seitlichen Ecken nach vorn zusammenstecken

57 Königsschleppe 58 Lilie

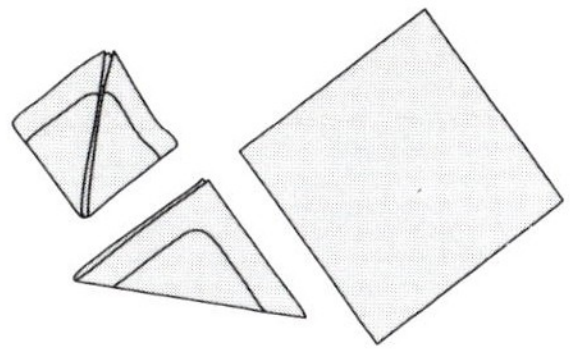

57a Nach dem dritten Grundschritt die oberen Spitzen nach unten klappen

57b Die Spitze des oberen Dreiecks nach unten zur Mitte falten

Lilien als Serviettenform und dazu passend Lilien als Blumenschmuck runden die Dekoration des festlich gedeckten Tisches ab

57c Die Faltkante zur Mitte klappen und noch einmal zum Dreieck umschlagen

57d Die Ecken nach hinten zusammenstecken und die Spitzen herunterziehen

58 Die Spitzen der Königsschleppe nach vorn biegen und in den Rand einstecken

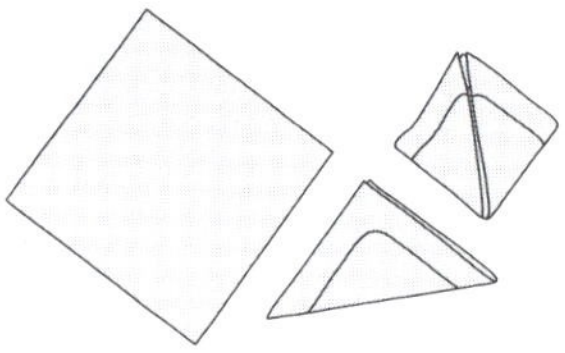

59 Schwan

Für den Schwan sind sehr gut gestärkte Servietten nötig, nicht kleiner als 50 x 50 cm. Extrastarke Aluminiumfolie, vor dem Falten auf die Serviette gelegt, sorgt für bessere Standfestigkeit.
Beim Biegen des Schwanenhalses muß recht kräftig zugepackt werden

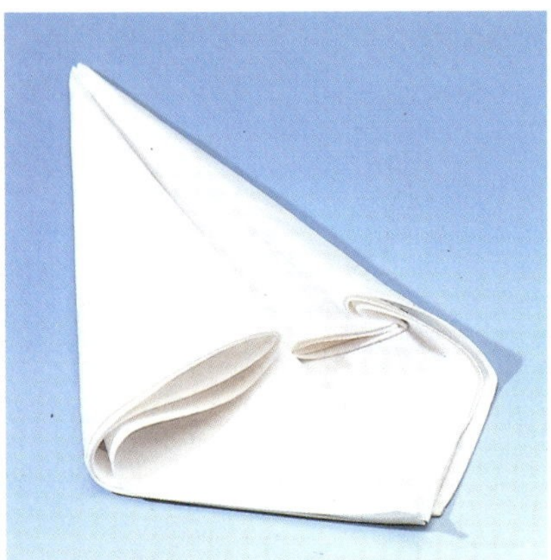

59a Die obere Spitze nach unten drehen und die Seiten zweimal zur Mitte falten

59b Die Hälften aufeinanderklappen und, die offene Seite unten, den Hals formen

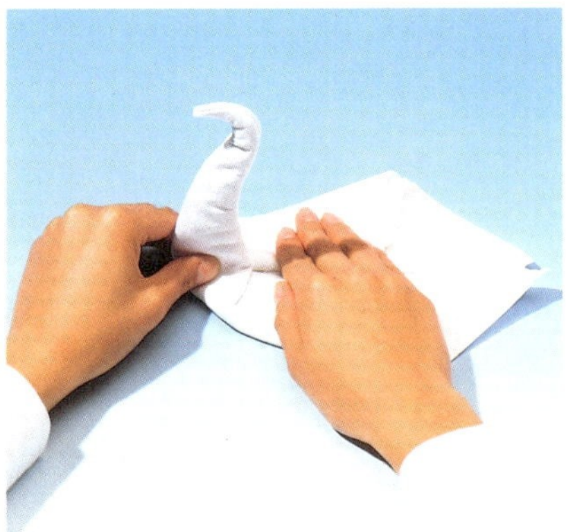

59c Den Schwan umgedreht hinsetzen, den Hals hochbiegen, den Schnabel nach vorn

60 Pfau

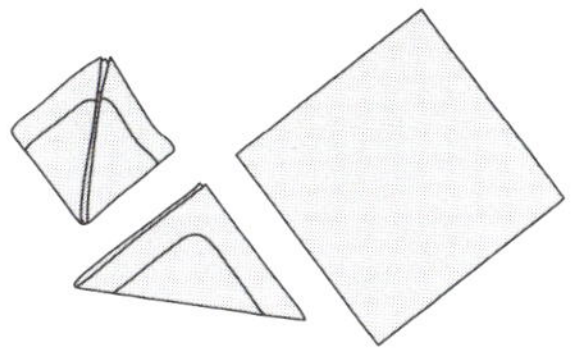

Schwan oder Pfau werden häufig zur Dekoration von Schauplatten verwendet. Aus 80 x 80 cm großen Deckservietten angefertigt, sind sie die Attraktion eines kalten Buffets. Natürlich kann man als Federkleid auch den dreifachen Fächer mit Spitzen oder Doppelspitzen wählen

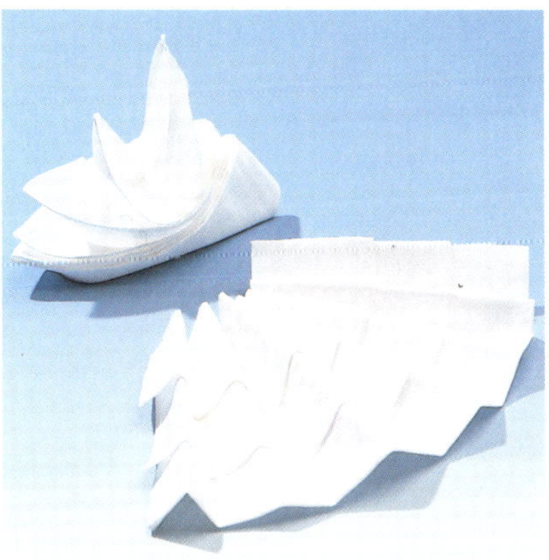

59d Die Dschunke oder der dreifache Fächer (Seite 31 bzw. 28) bilden das Federkleid

59e So wird der dreifache Fächer dem Schwanenhals hinzugefügt

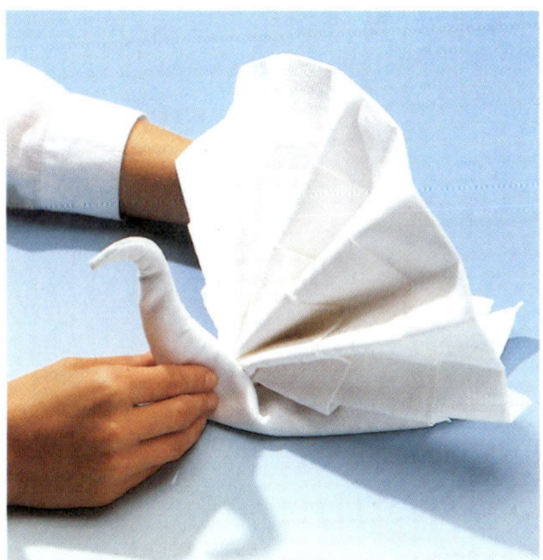

60 Mit einem hochstehenden Fächer wird aus dem Schwan ein Pfau

am Froschteich

Gruppe C

Für die folgenden Serviettenformen der Gruppe C beginnt man mit der offenen Serviette, wobei die linke Stoffseite nach oben zeigt.
Für weitere Formen sind die beiden oberen Ecken zur Mitte zu falten, dann folgen Formen mit vier zur Mitte geklappten Ecken.
Am besten die obere Kantenmitte genau in der Mitte mit dem Daumennagel festhalten und die oberen Ecken nacheinander zur Mitte klappen. Dann verfährt man mit den beiden unteren Ecken in der gleichen Weise. Damit die vier Ecken sich exakt in der Mitte treffen und die Kanten genau aneinanderstoßen, muß die Serviette wirklich quadratisch sein und nicht zum Beispiel vom Mangeln verzogen.
Bei allen weiteren Faltungen ist besonders darauf zu achten, wann die Serviette herumgedreht werden muß, weil dadurch die Form wesentlich bestimmt wird.

61 Schmetterling 62 Pinscher

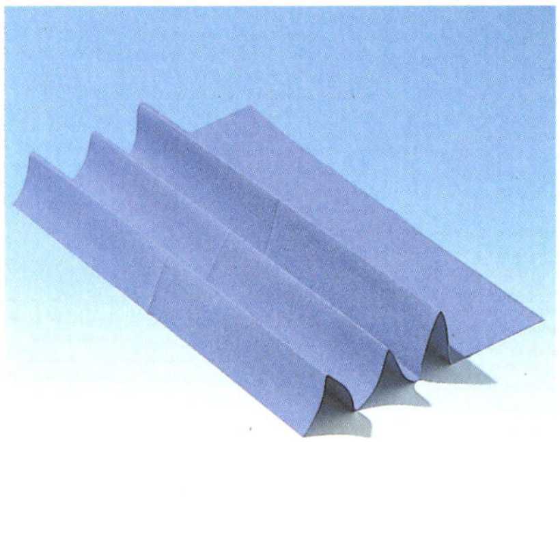

61a Die Serviette in sechs bis acht gleichmäßige Falten legen

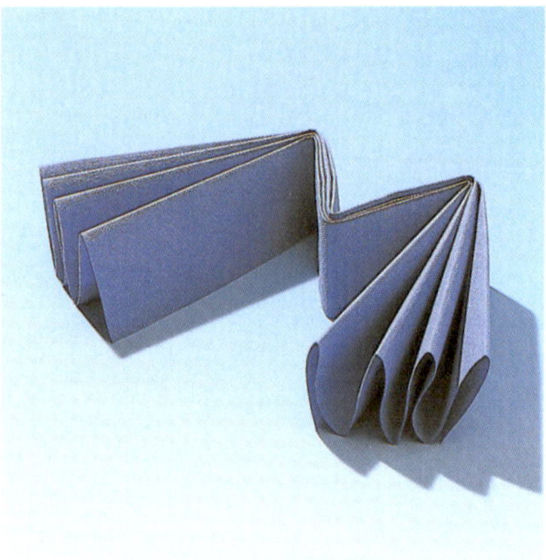

61b In der Mitte eine Falte knicken und die Enden zu Flügeln auslegen

Für diese beiden Faltungen, besonders für den Pinscher, sollten die Servietten nicht zu groß sein. Papier- oder Vliesservietten sind gut geeignet

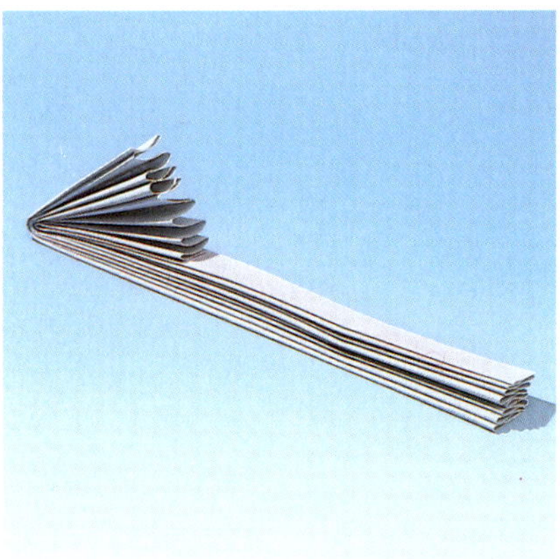

62a Ein Ende der in Falten liegenden Serviette zur Mitte klappen

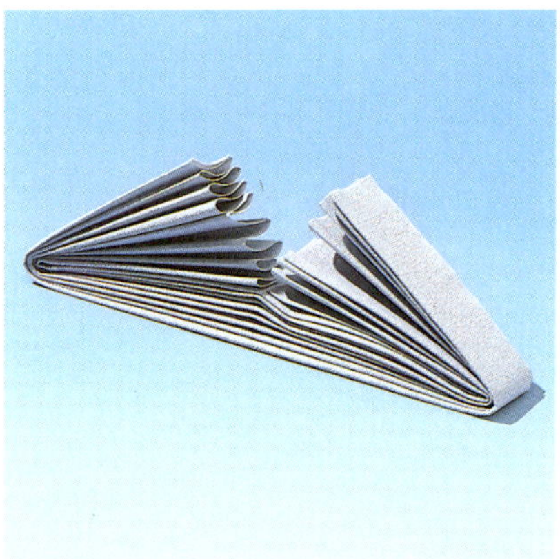

62b Das andere Ende ebenfalls zur Mitte falten und die Knicke festdrücken

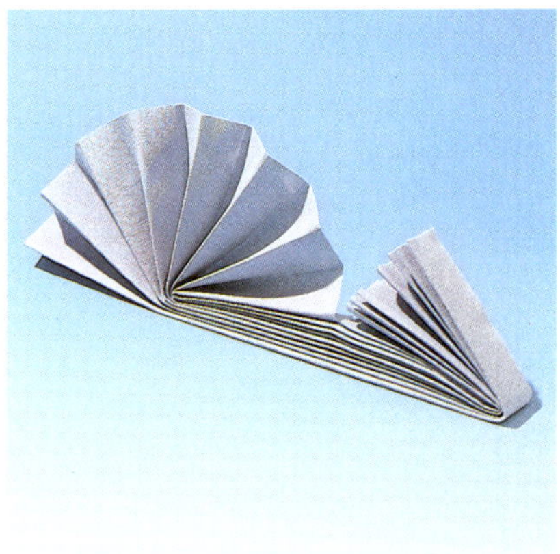

62c Zuletzt die zur Mitte geklappten Enden an beiden Seiten auffächern

63 Spanische Wand

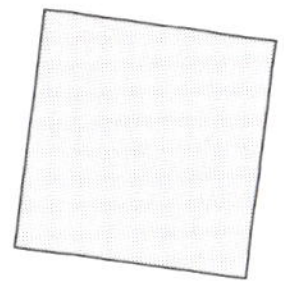

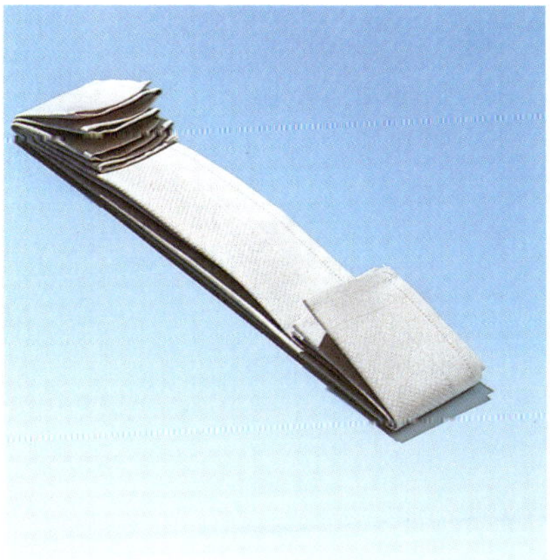

63a Die Enden der viermal gefalteten Serviette ein Viertel zur Mitte klappen

63b Die Serviette umdrehen und die beiden Enden wieder zur Mitte falten

63c Die Enden auffächern, indem sie zur Mitte hochgezogen werden

Natürlich kann die Serviette für die spanische Wand auch in bis zu acht Falten gelegt werden: Der Fächer wirkt dadurch etwas aufwendiger und noch dekorativer. Je größer die Serviette ist, desto mehr Falten sind möglich

64 Schwimmender Schwan

64a Alufolie auflegen, so daß sie bei zur Mitte geklappten Ecken verdeckt ist

64b Die Seiten ein weiteres Mal zur Mitte, die untere Spitze nach hinten falten

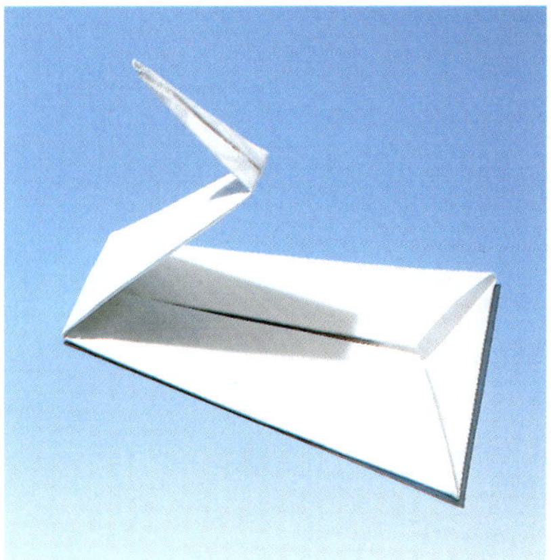

64c Die Serviette halb zusammenfalten und die Spitze ein Stück zurückklappen

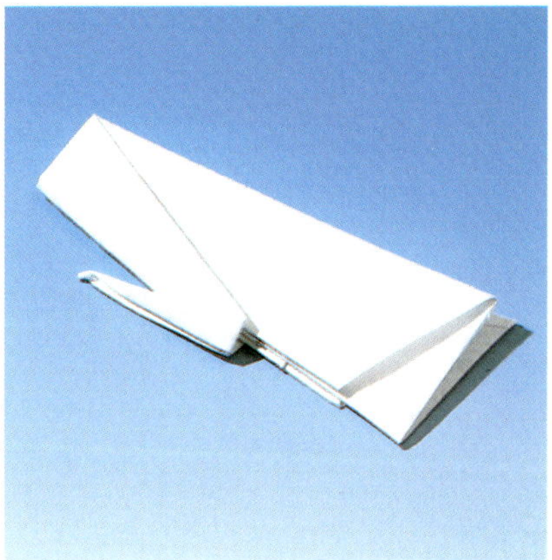

64d Die Faltknicke festdrücken und den Schwan der Länge nach zusammenfalten

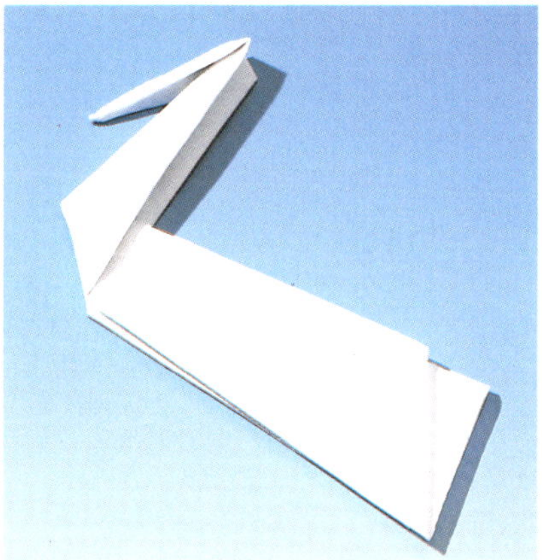

64e Den Hals rechtwinklig abknicken und den Schnabel etwas vom Hals entfernen

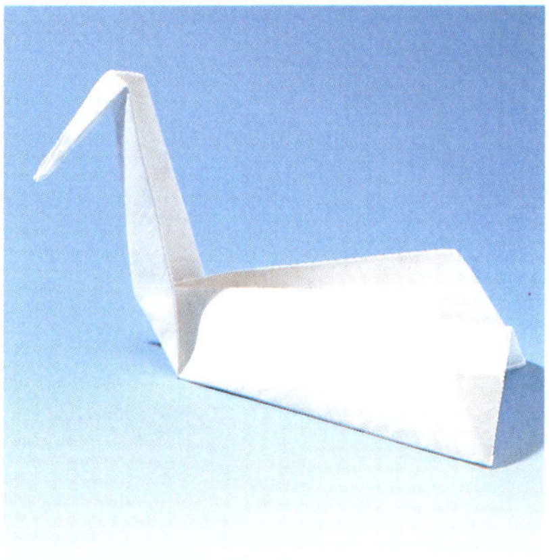

64f Die so entstandenen Faltknicke festdrücken und den Schwan aufstellen

Dieser Schwan wurde aus einer gut gestärkten 40 x 40 cm großen Serviette gefaltet. Er eignet sich gut zur Dekoration eines kalten Buffets oder als Blickfang einer festlichen Tafel

65 Schräger Palmwedel 66 Strauß

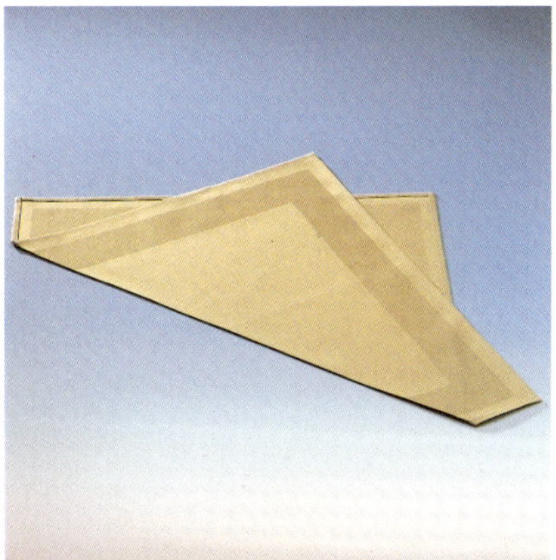

65a Die untere Hälfte der Serviette auf diese Weise nach oben falten

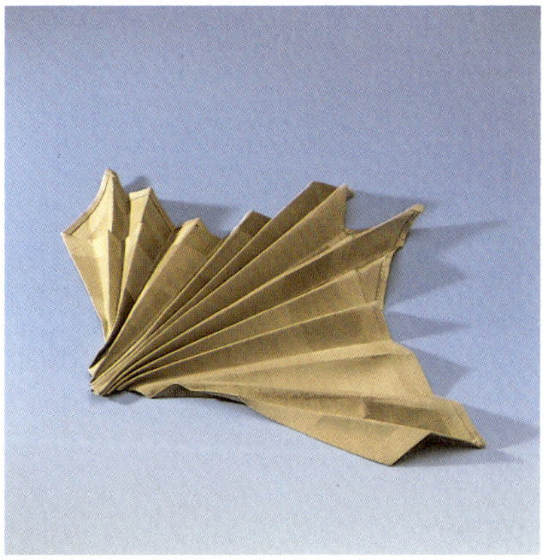

65b Von den Ecken auf die untere Mitte zulaufende Falten legen

66 Die offen liegende Serviette in der Mitte fassen und nach unten schütteln

Diese beiden Serviettenformen wirken am besten, wenn sie in einem Glas dekoriert werden. Eine andere Möglichkeit wäre, die Enden mit einer Schleife oder einem Ring zu befestigen

67 Spargel
68 Gewehre

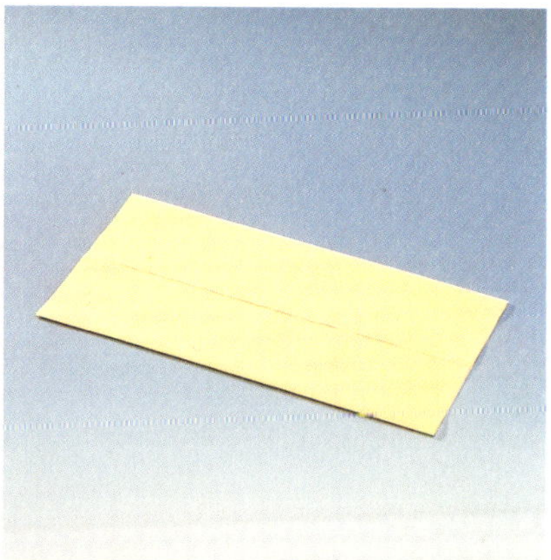
67a Die obere und die untere Kante zur Mitte klappen

67b Die vier Ecken auf diese Weise nach außen falten

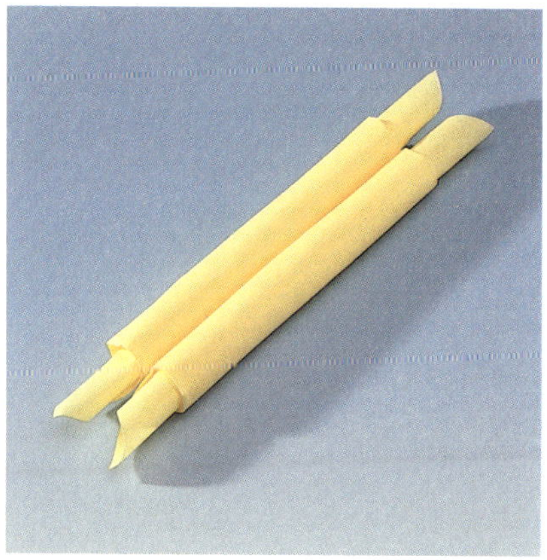
67c Die Serviette von beiden Seiten her zur Mitte aufrollen

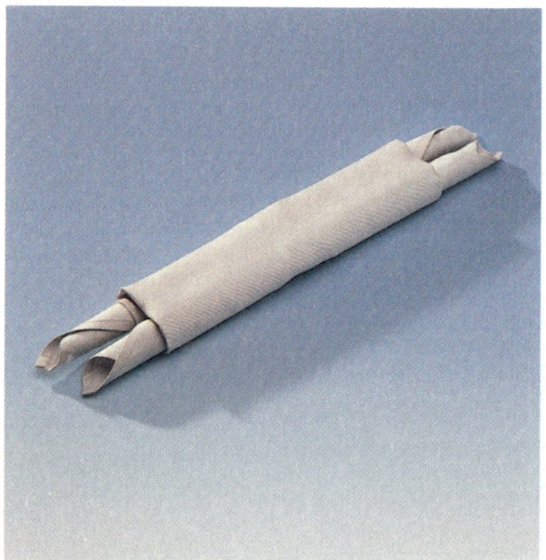
68a Für die Gewehre die Spargelform herstellen und umdrehen

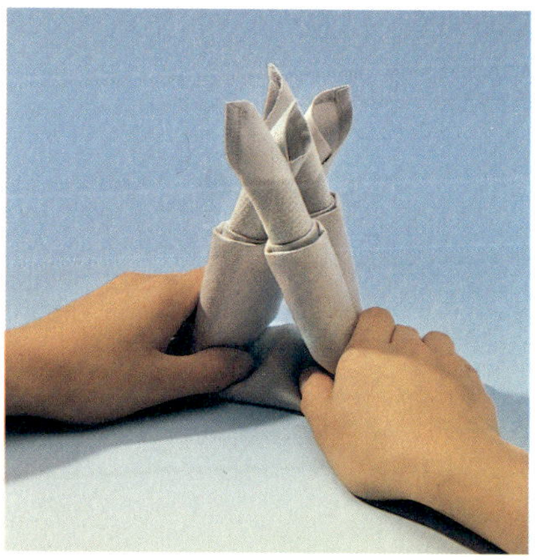
68b Die beiden Enden zur Mitte hochklappen und die Spitzen ineinanderstecken

Natürlich bietet es sich an, die Servietten für ein Wildessen zu der Gewehrform zu falten (Serviettengröße mindestens 40 x 40 cm) und bei einem Spargelessen die Spargelform aufzudecken

69 Zweifacher Fächer
70 Zweifacher Fächer mit Spitzen

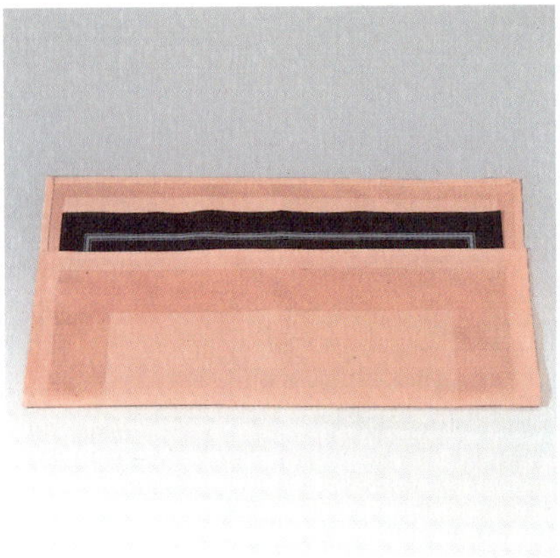

69a Nicht ganz die Hälfte nach oben klappen, eine Papierserviette einlegen

69b Die Serviette gleichmäßig in etwa 2 cm breite Falten legen

70 Für den zweifachen Fächer mit Spitzen die tiefliegenden Falten hervorholen

Durch das Einlegen einer farblich zur übrigen Tischdekoration passenden Papierserviette in den zweifachen Fächer ergeben sich vielseitige Gestaltungsmöglichkeiten

71 Rosette

71a Die obere Hälfte zur Mitte, die untere Kante ein Viertel nach oben falten

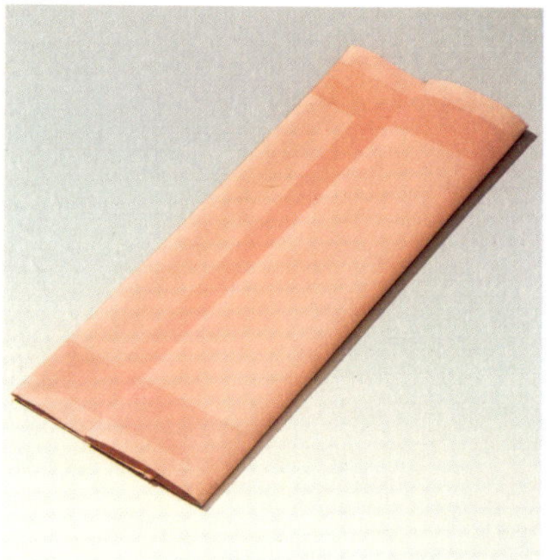

71b Die untere Faltkante etwas über die Mitte hinaus nach oben klappen

In diesem Beispiel hat die Rosette sechs Falten, der gedeckte Tisch auf Seite 66 zeigt sie mit fünf Falten, woraus sich gleich ein anderes Bild ergibt

71c Die Serviette gleichmäßig in fünf oder sechs Falten legen

71d Die tiefliegenden Falten der unteren Lage hervorholen

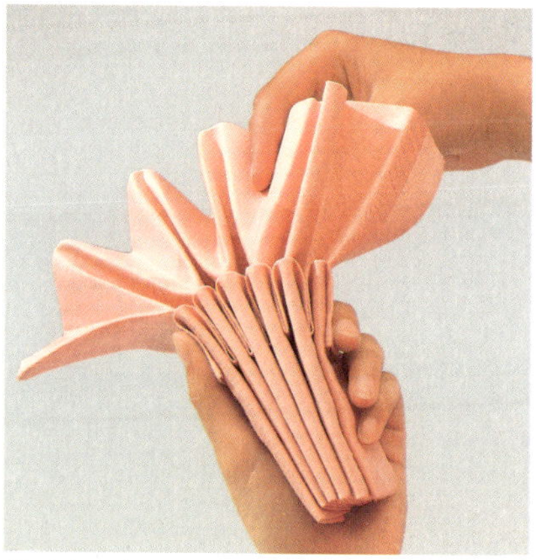

71e Die Falten der oberen Lage nach hinten legen und festdrücken

72 Halbmond
73 Vollmond

Eine nachtblaue Tischdecke und Sterne zur Dekoration passen gut zu den Mondservietten.
Aus 50 x 50 cm großen Servietten angefertigt, bedecken sie den ganzen Platzteller

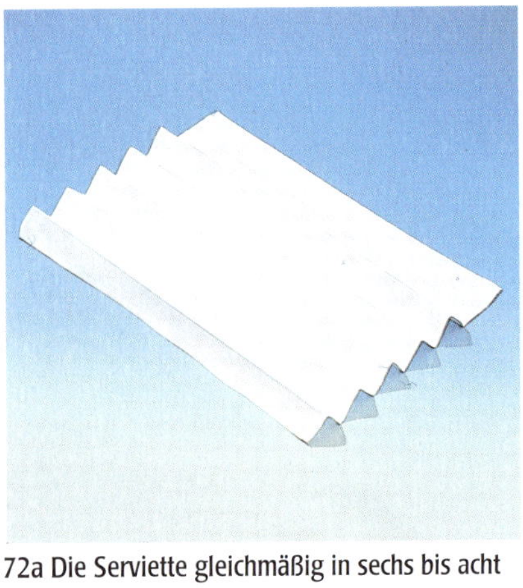

72a Die Serviette gleichmäßig in sechs bis acht Falten legen

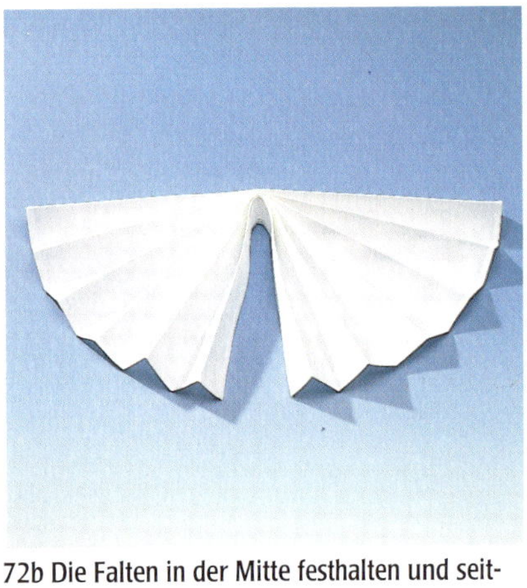

72b Die Falten in der Mitte festhalten und seitlich auffächern

73 Für den Vollmond zwei Halbmonde herstellen und zusammenlegen

74 Stern

74a Die obere und untere Kante der Servietten zur Mitte falten

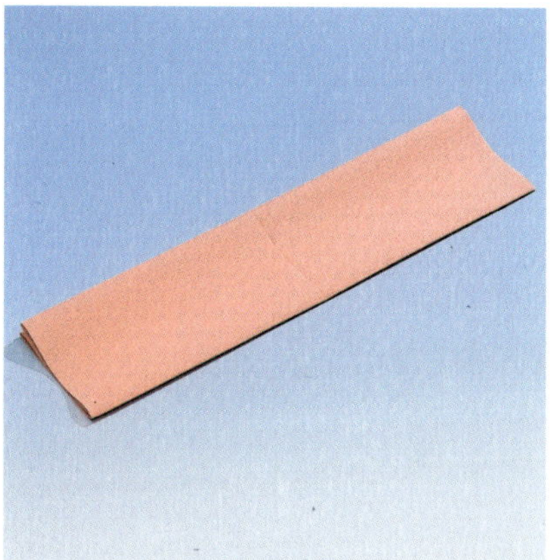

74b Die untere Hälfte dann nach oben klappen und die Knicke festdrücken

Der Stern ist eine leicht zu faltende, sehr dekorative Serviettenform, die bei größeren Servietten mehr Falten erlaubt und dann noch eleganter wirkt

74c Die Serviette gleichmäßig und symmetrisch in vier bis sechs Falten legen

74d Unten zusammenfassen und die tiefliegenden Falten hervorholen

74e Die tiefliegenden Falten der anderen Seite nach vorn ziehen

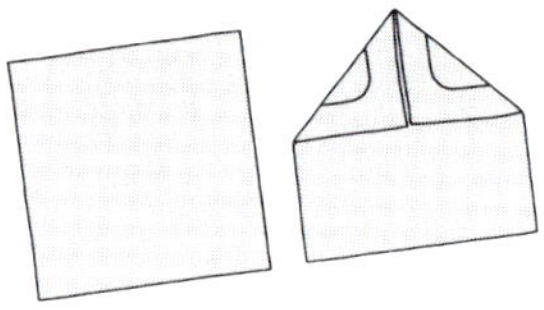

75 Segel

75a Nach den Grundschritten die Serviette in der Mitte zusammenfalten

75b Das untere Ende der Serviette bis zur Mitte aufrollen

75c Zuletzt das Dreieck hochklappen und leicht öffnen

Bei einer Stoffserviette empfiehlt es sich, zuerst das Segel nach vorn zu falten. Zum Aufrollen des unteren Endes wird es dann noch einmal zurückgeklappt

76 Eckenfächer

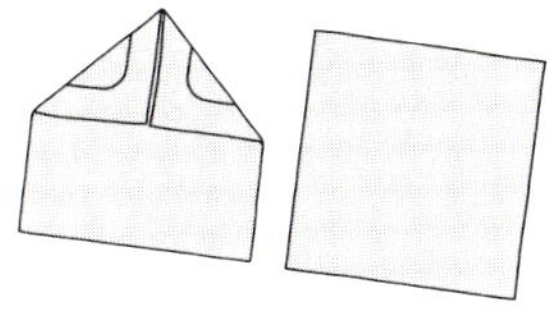

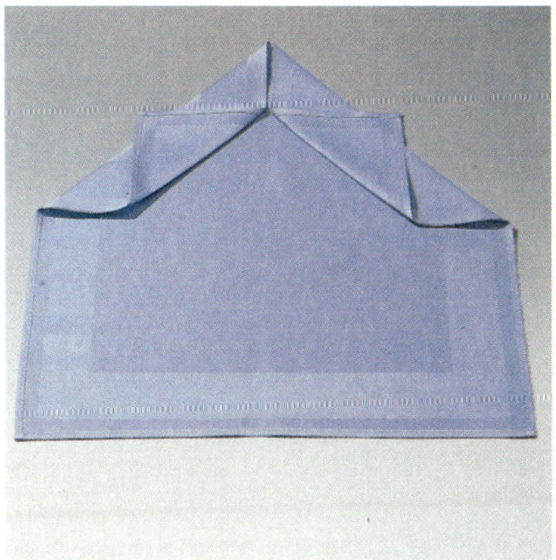

76a Nach den Grundschritten die oberen Ecken halb wieder zurückfalten

76b Das untere Ende hochklappen, so daß die Ecken noch zu sehen sind

76c Das untere Ende hochklappen, so daß drei gleich breite Blenden entstehen

76d Von der Mitte ausgehend zuerst eine Seite in drei gleichmäßige Falten legen

76e Die andere Seite symmetrisch ebenfalls in drei Falten legen

In ein Glas gestellt oder auf dem Teller liegend: der Eckenfächer wirkt in beiden Fällen sehr dekorativ und ist gar nicht schwer zu falten

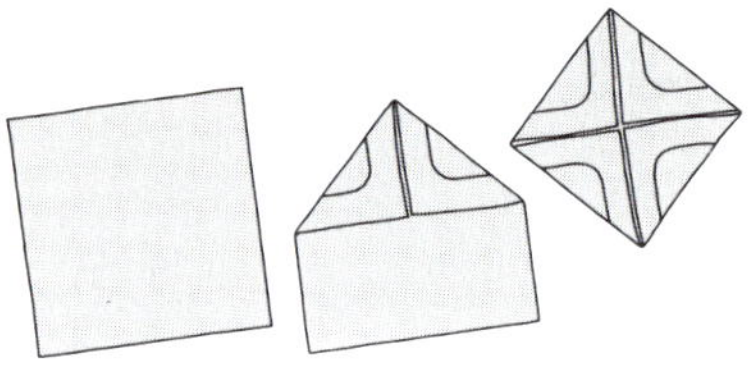

77 Lotusblüte
78 Seerose

77a Nach den Grundschritten die Ecken nochmals zur Mitte falten

77b Die Serviette umdrehen und wieder die Ecken zur Mitte klappen

77c Zuerst die Zipfel unter den Ecken, dann die übrigen Zipfel herausziehen

78a Nach den Grundschritten umdrehen und die Ecken nochmals zur Mitte falten

79a Die Lotosblüte herstellen, nur das Herausziehen der Zipfel unterlassen

80a Die Ecken des Blumenkissens zur Mitte falten, statt die Zipfel hochzuheben

78b Erneut umdrehen, Mitte festhalten und Zipfel unter den Ecken vorsichtig herausziehen

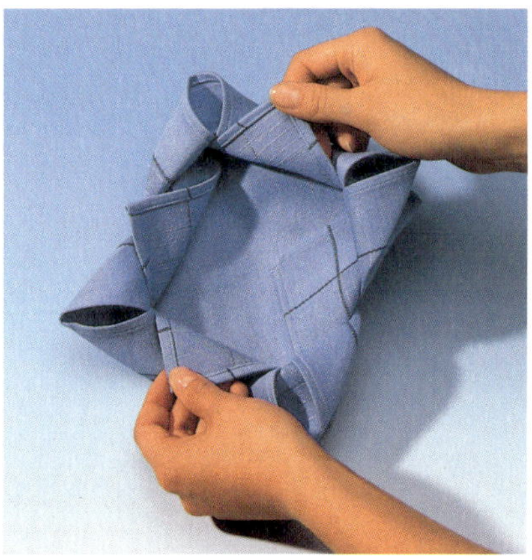

79b Die Serviette umdrehen, alle Zipfel anheben und Blumen in die Mitte legen

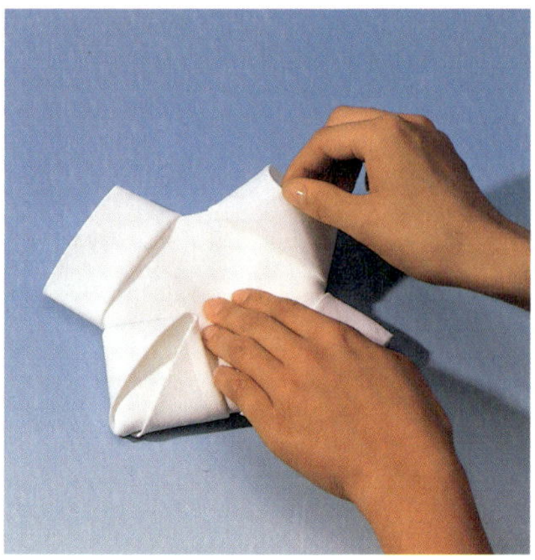

80b Die Serviette nochmals umdrehen und die Ecken zur Seite umklappen

79 Blumenkissen
80 Kreuz

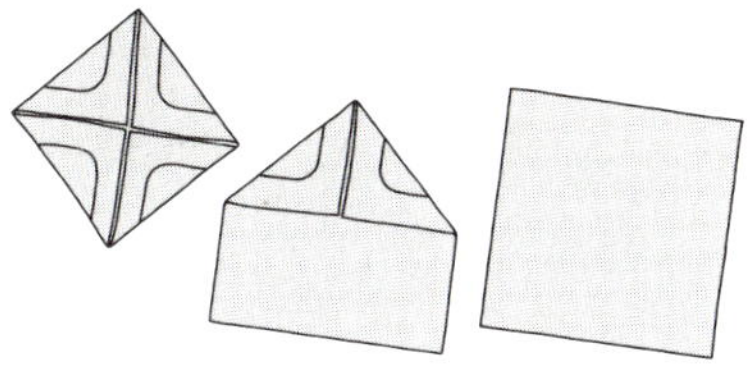

Bei diesen vier Serviettenformen ist es besonders wichtig, darauf zu achten, ob die Serviette vor dem nächsten Schritt umgedreht werden muß oder nicht

Theater-dinner

Noch festlich gestimmt von der Theatervorstellung, läßt man sich gerne an einem so hübsch geschmückten Tisch nieder. Die leichte Tönung der graublauen Stofftischdecke läßt farbenfrohe Abendroben gut zur Geltung kommen. Zarte Farben empfehlen sich, um festlicher Kleidung keine Konkurrenz zu machen und Disharmonien zu vermeiden. Die Servietten, aus dem gleichen Stoff wie die Tischdecke, sind zur „Rosette" gefaltet. Die Anleitung dafür befindet sich auf Seite 59.
Elegant und mit Bezug zum Anlaß sind die Tischkarten, die mit den Masken von Tragödie und Komödie verziert sind und leicht selbst hergestellt werden können. Wie es der späte Abend nach einer Theatervorstellung gebietet, sollte das Menü leichte Speisen bereithalten.

Zitronentisch

Von der gelben Folientischdecke bis hin zu den Früchten leuchtet alles in kräftigem Gelb, das nur durch weiße Tupfer hier und da etwas gedämpft wird. Die ebenfalls leuchtend gelbe Vliesserviette wurde zum „Flügeltor" gefaltet: Wie das geht, steht auf Seite 46. Ein Tisch, der Frische ausstrahlt und einem das Wasser im Mund zusammenlaufen läßt. Er erinnert an Sommerabende auf der Terrasse oder im Wintergarten, wo man sich bei leichtem Menü und kühlen Getränken von der Wärme des Tages in angenehmer Runde erholt und neue Kraft schöpft.

Ein sommerlicher Tisch, der in jeder Umgebung eine Augenweide ist. Wer aber so viel Gelb nicht mag, kann die Zitronen durch Orangen ersetzen oder durch das Grün von Limonen eine andere Nuance herbeizaubern. In jeder Jahreszeit läßt sich ein ähnlicher Tisch mit den Früchten der Saison gestalten.

Geschäftsessen

Eine Tischidee, die für ein Journalistenessen, aber auch für jedes andere Geschäftsessen ihren Reiz hat und mit einfachen Mitteln zu realisieren ist. Einige Zeitungen, abgedeckt mit Klarsichtfolie, stellen ebenso wie die alte Schreibmaschine den direkten Bezug her. Das Schwarzweiß der Tageszeitungen wiederholt sich bei Tellern und Servietten: Wie das „Kuvert“ gefaltet wird, ist auf Seite 36 ausführlich erklärt. Wer nicht gerne von schwarzen Tellern essen möchte, kann sich auf schwarze Platzteller beschränken.
Mit Hilfe von Illustrierten würde ein solcher Tisch eine ganz andere Note erhalten. Die Farbe der Platzteller könnte dann von leuchtendem Rot bis hin zu kräftigem Grün reichen. Diese Tischidee bietet viele Variationsmöglichkeiten.

ELITE
CURRENCY FUTURES
THE-COUNTER
LONDON STOCK EXCHANGE
FT-SE 100 SHARE INDEX

Skipper

Sicher macht es Freude, die Erinnerungen an eine Segelpartie an einem solchen Tisch wachzurufen. Alles ist im Beige und Braun edler Schiffshölzer gehalten. Die Windrose muß natürlich nach den Himmelsrichtungen ausgerichtet werden – legen Sie ruhig den Kompaß dazu!
Holzteller und Bestecke mit Holzgriffen geben dem Tisch ein rustikales Bild. Das Schiff in der Flasche verleiht ihm eine ganz besondere Note, aber auch ohne Buddelschiff und mit Porzellantellern läßt sich dieser Tisch schön eindecken. Je nach den Gerichten, die serviert werden, können die Gedecke ausgetauscht werden. Die farblich passenden Vliesservietten werden als „Sträuße" (siehe Seite 56) in Gläser gestellt.

N
O
S
THE SKIPPER'S TABLE

Black Pearl
Black Pearl

Black Pearl

Eine Idee für ein elegantes Geschäftsessen im kleinen Rahmen: Die gekonnte Einteilung für drei Personen macht den Tisch besonders interessant. Die roten Segmente heben sich stark vom schwarzen Untergrund ab. Ihre Form bestimmt gleichzeitig das Aufstellen der Gläser. Ein Hauch von rotgoldenem Glimmer und die goldenen Bestecke unterstreichen die elegante Note. Schwarz eingefärbte Servietten mit angenähter Goldkante, zum „Einfachen Fächer" gefaltet (siehe Seite 24), runden das Gesamtbild harmonisch ab.
Ein Tisch, zu dem man Geschäftsfreunde bittet, die man sehr hoch schätzt. Auch an internationale Gäste ist gedacht: Die schwarzgoldenen Namenskarten verbergen die in drei Sprachen, Deutsch, Französisch und Englisch, abgefaßte Speisenfolge.

Futur 2000

Schon der Titel dieses Tisches zeigt die Tendenz: Zukunft ist angesagt. Die graublaue, metallische Farbkombination erinnert an Sphären und Raum. Spiegelstücke und schillernde Glaskugeln werfen bei entsprechender Beleuchtung ein unwirkliches, flimmerndes Licht zurück. Weniger die Gedecke und die zu „Obelisken" aufgerollten Servietten (siehe Seite 40) ziehen die Blicke auf sich als vielmehr die Ansammlung schillernder und lichtreflektierender Elemente. Ein Tisch für zukunftsorientierte junge Gäste, die gerne mal ein Experiment wagen.

WORLD
LEADERS
Futur 2000
HOFA
Hotelfachschule Heidelberg

Japanischer Tisch

Für Japan steht eigentlich die Farbe Rot. Hier einmal eine ganz andere Version in lachsrosa, bei der die zarte Tischdecke den Ton angibt. Das Geschirr mit schwarzem Rand und rosa Blüte unterstreicht die japanische Note. Besonders originell sind die wie Paravents gestalteten Menükarten: Wenn eine Kerze dahinter steht, wirken sie wie die Fenster japanischer Häuser. Die schwarzen Papierservietten, kombiniert mit lachsrosa, runden das Farbenspiel ab: Die Anleitung für die „Sächsische Schützenmütze" findet sich auf Seite 16, der „Bischofshut" wird auf Seite 44 ausführlich erklärt.
Nicht nur die Wahl der passenden Blüten ist für diesen Tisch wesentlich, auch ihre Präsentation in dem gebundenen Kranz unterstreicht die fernöstliche Besonderheit.

Weitere Titel zum Thema Tischkultur im FALKEN Verlag:
„Der schön gedeckte Tisch" (Nr. 4246)
„Festliche Tischdekorationen selbst gestalten" (Nr. 984)
„Der perfekt gedeckte Tisch" (Nr. 1028)
„Tischkarten dekorativ gestalten" (Nr. 946)
„Servietten dekorativ falten" (Nr. 804)

Besonderer Dank für das Bereitstellen von Servietten und Dekorationsartikeln geht an die Carl Zollner KG, 8313 Vilsbiburg (ausschließlich Lieferant der Gastronomie), an die Deutsche Duni GmbH, 4550 Bramsche, und an Ute Stephan, Exclusiv Schenken und Wohnen, 6240 Königstein.
Für das Decken der Motivtische danken wir Heike Backes, Alfons Bayer, Petra Fey, Anke Heim, Siegfried Herrmann, Alice Keppel, Thomas Klemmer, Claudia Körkel, Tausseg Naz, Barbara Schmidt und Jürgen Wegmann sowie allen anderen, die zum Entstehen dieses Buches beigetragen haben.

ISBN 3 8068 1042 7

© 1989/93 by Falken-Verlag GmbH, 6272 Niedernhausen/Ts.
Die Verwertung der Texte und Bilder, auch auszugsweise, ist ohne Zustimmung des Verlags urheberrechtswidrig und strafbar. Dies gilt auch für Vervielfältigungen, Übersetzungen, Mikroverfilmung und für die Verarbeitung mit elektronischen Systemen.
Titelbild und Fotos: Fotostudio Erbelding, Oberursel
Zeichnungen: Ulrike Hoffmann,Bodenheim
Die Ratschläge in diesem Buch sind von den Autoren und vom Verlag sorfältig erwogen und geprüft, dennoch kann eine Garantie nicht übernommen werden. Eine Haftung der Autoren bzw. des Verlages und seiner Beauftragten für Personen-, Sach- und Vermögensschäden ist ausgeschlossen.
Satz: Fotosatz-Studio Creatype GmbH, Eschborn/Ts.
Druck: Druckerei Ernst Uhl, Radolfzell

817 26